DIGNIDAD,

NO CIUDADANÍA

DIGNIDAD,
NO CIUDADANÍA

La Verdad Sobre la Inmigración
Que Nadie Te Cuenta

María Elvira Salazar
MIEMBRO DEL CONGRESO

Since 1947
REGNERY
An Imprint of Skyhorse Publishing, Inc.

Regnery Publishing books may be purchased in bulk at special discounts for sales promotion, corporate gifts, fund-raising, or educational purposes. Special editions can also be created to specifications. For details, contact the Special Sales Department, Skyhorse Publishing, 307 West 36th Street, 11th Floor, New York, NY 10018 or info@skyhorsepublishing.com

Regnery® and Skyhorse Publishing® are registered trademarks of Skyhorse Publishing, Inc.®, a Delaware corporation.

Visit our website at www.skyhorsepublishing.com.
Please follow our publisher Tony Lyons on Instagram @tonylyonsisuncertain.

10 9 8 7 6 5 4 3 2 1

Library of Congress Cataloging-in-Publication Data is available on file.

Hardcover ISBN: 978-1-5107-8685-1
eBook ISBN: 978-1-5107-8686-8

Cover design by David Ter-Avanesyan

Printed in the United States of America

Agradecimientos

Este libro está dedicado a dos extraordinarios estadounidenses:

Jaime R. Court, de Viña del Mar, Chile. El perfecto ejemplo del sueño americano. Sin su presencia en mi vida, nunca habría podido llegar al Congreso. Mi eterna gratitud por su paciencia, su compromiso y su ayuda emocional y económica.

John Mark Kolb, de Hoover, Alabama. Un verdadero patriota estadounidense. Sin él en mi equipo del Congreso, nunca habría podido redactar la Ley Dignidad de 2025. Sus cinco años de compromiso inquebrantable para resolver nuestra crisis migratoria, contra toda esperanza, son prueba de su carácter y dedicación. Mi eterna gratitud por su lealtad, su perseverancia y su fe.

Índice

Presidente Donald Trump:

Este libro fue escrito para usted. No tiene por qué gustarle. Solo tiene que acoger su mensaje de dignidad.

Será el mayor legado de su presidencia.

Usted podría ser para la inmigración lo que Lincoln fue para la esclavitud y Reagan para el comunismo.

Que el Señor Todopoderoso le conceda la sabiduría divina para comprenderlo.

Respetuosamente,

Congresista Salazar

Quince cosas que todo estadounidense debería saber sobre la inmigración

1. Nuestro sistema de inmigración está roto.
2. Ya no es capaz de satisfacer las demandas de nuestra economía, no puede garantizar la seguridad de los estadounidenses y está empeorando sus vidas.
3. El estancamiento político ha convertido el problema en una crisis perpetua. Nadie quiere resolverlo. Es demasiado tóxico, demasiado difícil y demasiado costoso desde el punto de vista político.
4. Las peticiones de deportaciones masivas prometen dureza, pero garantizan el desastre. Expulsar a millones de trabajadores indocumentados que llevan mucho tiempo en Estados Unidos devastará la economía. Sin agricultores y sin trabajadores en los mataderos, las estanterías de los supermercados se quedarán vacías en una semana. Sin constructores, la vivienda y la construcción se paralizarán. Sin lavaplatos, cocineros y ayudantes de camarero, los restaurantes cerrarán. La escasez de mano de obra aumentará los costos, lo que disparará la inflación y arruinará los presupuestos familiares. Las deportaciones

masivas de trabajadores que contribuyen a la economía no fortalecerán a los Estados Unidos, sino que crearán un caos económico y afectarán negativamente a la calidad de vida de todos los estadounidenses.

5. Necesitamos una solución migratoria cuidadosamente balanceada que se adapte a las circunstancias actuales.

6. El camino a seguir es la Ley Dignidad de 2025 (HR 4393).

7. La Ley Dignidad es un proyecto de ley revolucionario que abre las puertas a un crecimiento y una estabilidad sin precedentes al integrar a millones de trabajadores indocumentados que ya contribuyen a nuestra economía, exigiéndoles que paguen una penalidad, obedezcan nuestras leyes y vivan a la luz del día, pero sin concederles nunca una vía para obtener la ciudadanía. Esto NO se aplica a los delincuentes, y solo se aplica a los inmigrantes que llegaron antes de 2021.

8. La Ley Dignidad no ofrece ninguna vía para obtener la ciudadanía, ni beneficios federales, ni ayudas sociales. DIGNIDAD no es amnistía.

9. La regularización, con la consecuente creación de una vía para la plena participación en la vida estadounidense, aportará billones de dólares a la economía de EE. UU. Garantizará el futuro de la Seguridad Social y Medicare al ampliar la base impositiva con millones de contribuyentes fiables. Eliminará las lagunas legales que perjudican a los trabajadores estadounidenses, e invertirá fondos en su formación profesional, creando así una nueva era dorada de innovación y producción manufacturera en el país.

10. Igualmente importante: al sacar a las buenas personas de las sombras, la Ley Dignidad permite que ICE y las fuerzas del orden se centren en las amenazas reales:

los narcotraficantes, los delincuentes violentos y las redes criminales que deben ser arrestados y deportados. También sella permanentemente la frontera y establece políticas de aplicación estrictas para detener la inmigración ilegal de una vez por todas.

11. No se trata de caridad para los ilegales. Es una solución permanente y única destinada a fortalecer las fronteras de la nación, detener la inmigración ilegal, reformar la inmigración legal y mejorar la vida de todos los estadounidenses.

12. La Ley Dignidad es una señal: Muestra que Estados Unidos sigue siendo capaz de resolver problemas difíciles de manera práctica, restaurando el orden y defendiendo nuestros valores. Estados Unidos sigue siendo el mejor país del mundo.

13. El camino a seguir requiere valentía, visión y liderazgo. Las medias tintas y las soluciones a corto plazo han mantenido viva la cuestión de la inmigración —como arma política— durante demasiado tiempo. Ha llegado el momento de una reforma real. Los estadounidenses están cansados del statu quo. Quieren soluciones. Cuatro años de caos y caravanas en la frontera bajo la presidencia de Biden y la reelección del presidente Trump lo han dejado muy claro.

14. Ahora es el momento, no solo de gestionar la inmigración, sino de aprovecharla como motor de prosperidad y unidad.

15. La Ley Dignidad no es solo la mejor manera de avanzar. Es el único camino hacia adelante.

La verdad sobre la inmigración

- El sistema migratorio de Estados Unidos está roto: es disfuncional en lo económico y tóxico en lo político.
- Al público se le miente constantemente sobre este tema. Nadie está contando toda la verdad.
- El presidente Trump ha asegurado la frontera por ahora, pero si el Congreso no convierte esa seguridad en ley, todo podría cambiar con el próximo gobierno.
- Los inmigrantes ya sostienen la vida diaria en EE. UU.; reconocer su papel fortalece a toda la nación.
- La Ley Dignidad no es caridad: es una solución única que hará que la inmigración funcione para todos los estadounidenses.

Estados Unidos se encuentra en una encrucijada.

Dos caminos. Dos futuros. Dos versiones del país.

La decisión que tomemos marcará generaciones.

Todo el mundo habla de inmigración, pero casi nadie dice la verdad. El ciudadano promedio solo escucha dos posturas: En medios conservadores, se grita "¡Sáquenlos a todos!". En CNN, la izquierda vocifera "¡Compasión! ¡Déjenlos entrar!".

Dos extremos. Muchas manipulaciones. Demasiadas mentiras. Y entre ellas, la verdad se ahoga.

Ningún lado muestra el panorama completo: ni el del estadounidense que culpa a la inmigración ilegal por su situación, ni el del jardinero sin papeles en Pensilvania que ha vivido aquí 17 años trabajando en su propio negocio mientras criaba a sus hijos estadounidenses, y asiste a la iglesia cada domingo.

Ningún lado explica el drama de la madre indocumentada en Miami que cuida niños ajenos para mantener a los suyos, a quienes no ve desde hace dos décadas. Ni de la madre estadounidense que perdió a su hija por culpa de un inmigrante que debió ser deportado, pero fue liberado por falta de aplicación de las leyes.

Ningún lado le habla a los millones de trabajadores invisibles: recolectores de frutas en Georgia, obreros en Carolina del Norte, lavaplatos en Nueva York, y empleados de mataderos en Iowa que mantienen viva nuestra economía realizando los trabajos que la mayoría de los estadounidenses rechazan, aunque podrían hacerlos.

Ni a los negocios que dependen de ellos: el agricultor de Washington que no puede cosechar sin los jornaleros que se rompen la espalda en los campos durante doce horas al día. El propietario del restaurante de St. Louis cuyas puertas se cerrarían sin lavaplatos y cocineros. El hotel de Las Vegas que no tendría habitaciones limpias sin personal de limpieza.

Tampoco se habla del consumidor estadounidense que, sin saberlo, depende de esa mano de obra cada vez que come fuera, compra frutas, se hospeda en un hotel o entra a una casa recién construida.

Ninguna de las partes reconoce plenamente la frustración de millones de estadounidenses que están molestos por la inmigración ilegal y se alegran con lo que el presidente Trump está haciendo para solucionar este problema. Sin embargo, este tema es tan polarizador que esos estadounidenses frustrados solo están escuchando una parte de la verdad.

Porque la inmigración no es solo inmigración: es economía, seguridad fronteriza, seguridad nacional, y el sueño americano mismo.

¿De qué inmigrantes estamos hablando? ¿De miembros de pandillas como la del Tren de Aragua y delincuentes violentos? ¿De los que entraron en caravanas por la frontera bajo la desastrosa política de puertas abiertas de Biden? ¿O de vecinos respetuosos de la ley, que llevan años construyendo una vida en EE. UU.? ¿Quiénes son los "buenos" y quiénes los "malos"?

Por eso escribí este libro: para cortar el veneno, decir la verdad y ofrecer un camino mejor. Para no tener que elegir más entre fronteras abiertas o deportaciones masivas. Hay una tercera vía. Una que pone a Estados Unidos y a los estadounidenses en primer lugar.

Durante décadas, nuestro deficiente sistema de inmigración ha dejado a familias indocumentadas en el limbo, a trabajadores ilegales en las sombras y a nuestra nación más débil. Se permitió la entrada al país a personas desconocidas y ahora no sabemos quiénes son nuestros vecinos. Nuestras ciudades se volvieron inseguras. Washington se encogió de hombros. Republicanos y demócratas fallaron. Y el pueblo estadounidense pagó el precio.

Por décadas, los republicanos vociferaron sobre la ley y el orden, prometieron mano dura y luego no hicieron nada. Los demócratas predicaron compasión, prometieron reformas y luego miraron hacia otro lado. Administración tras administración, se han pasado la pelota en lugar de enfrentar un voto difícil. Los políticos utilizaron la inmigración como lema de campaña, como tema divisorio, como argumento para recaudar fondos, pero no como un problema a resolver.

Mientras tanto, las familias cargaron con el peso: el miedo a redadas, fábricas cerradas por "mano de obra barata", hospitales sin personal, aulas sin recursos y saturadas de niños que no hablaban inglés. Todos traicionados. Todos abandonados.

Las victorias de Donald Trump en 2016 y 2024 se vieron impulsadas por su honestidad acerca de esta crisis. Dijo en voz alta lo que millones ya sabían: que nuestras fronteras estaban rotas, que el orden público se estaba deteriorando, que los líderes no cumplían con su deber. Bajo el mandato de Joe Biden, millones más llegaron en caravanas, y la crisis se volvió innegable.

En 2024, el presidente Trump tuvo razón al calificar la frontera sur como un desastre.

Pero también es cierto que los muros y las deportaciones por sí solos no pueden arreglar lo que está roto, ni a largo plazo ni sin consecuencias devastadoras para la economía estadounidense. La deportación masiva no solo es cruel, sino que también es inviable.

Imagínense: estantes vacíos, casas a medio construir abandonadas al sol, restaurantes cerrados, hospitales con falta de personal, industrias enteras colapsando de repente. Eso no suena como el sueño americano. Más bien como una pesadilla. Y eso es lo que significaría la deportación masiva durante los próximos tres años.

La amnistía general para los ilegales, al mismo tiempo, es igual de irrazonable y políticamente imposible. Somos una nación de leyes. Hay que pagar un precio. Un pase libre enviaría un mensaje equivocado al mundo: "Rompe las reglas y serás premiado. Rompe las reglas y te podrás quedar". Invitaría a otra ola de caos, de caravanas, otra traición al trabajador estadounidense.

Entonces, ¿qué debemos hacer?

Necesitamos una solución completa. Una solución que funcione para el presidente Trump, para los republicanos, para los demócratas, para los inmigrantes indocumentados que han construido sus vidas aquí, y para cada ciudadano estadounidense que cree —con razón— que este es el mejor país del mundo.

Una solución que asegure la frontera y fortalezca la economía de Estados Unidos de forma definitiva. (Nota rápida: el presidente Trump aprobó 150 mil millones de dólares para seguridad fronteriza con su "Gran y Hermosa Ley", pero la ley migratoria no cambió. Todo podría desaparecer con el próximo gobierno, y la misma crisis fronteriza que vivimos en 2021 podría repetirse en 2028).

Una solución que ponga fin a la inmigración ilegal para siempre y estabilice las industrias que nos alimentan, nos dan techo y nos entretienen.

Una solución que ofrezca dignidad —no ciudadanía estadounidense— a quienes han echado raíces aquí, exigiéndoles al mismo tiempo que paguen una restitución por haber entrado ilegalmente al país.

Una solución que restaure el orden, fortalezca a los trabajadores estadounidenses, garantice que esta crisis no se repita, y prepare al país para los empleos e industrias que sostendrán el liderazgo de Estados Unidos por generaciones.

Una solución que haga lo que Washington no ha logrado en cuarenta años: aportar valentía, claridad y una resolución definitiva al tema más tóxico y divisivo de nuestro tiempo.

La historia ha sido generosa y ha puesto a la persona correcta en la Casa Blanca. Donald Trump es el único líder capaz de lograrlo. Es el presidente más audaz y decisivo que hemos tenido en un siglo.

Tiene una oportunidad única en una generación: resolver esta crisis de una vez por todas, asegurar el futuro de Estados Unidos y restaurar la confianza en nuestro sistema.

Esa solución es la *Ley Dignidad*, presentada en el Congreso en julio de 2025.

La *Ley Dignidad* ofrece legalización —no ciudadanía estadounidense. Lo repito: no ciudadanía, no amnistía, sino estabilidad para los trabajadores indocumentados que han vivido aquí al menos cinco años. Asegura la frontera, reforma el sistema de asilo, invierte en los trabajadores estadounidenses y añade billones de dólares a nuestra economía.

Reduce el costo de los alimentos para las familias y permite que las fuerzas del orden se enfoquen en los verdaderos criminales, los "malos", que son precisamente aquellos que el presidente prometió deportar en masa.

Es audaz. Es definitiva. Es revolucionaria. Es salomónica.

Y repito: solo Donald Trump puede hacerla realidad. El presidente Trump podría ser para la inmigración lo que Abraham Lincoln fue para la esclavitud y Ronald Reagan para el comunismo.

¿Cómo lo sé? Porque he vivido esta historia en carne propia. Soy hija de refugiados políticos cubanos, nacida y criada en Miami. Crecí entre inmigrantes, muchos de ellos ilegales. Como una de las fundadoras de Univisión, la cadena de televisión en español más importante del país, reporté durante treinta y cinco años sobre la realidad que afecta a los hispanos en Estados Unidos. Hoy, en 2025, los hispanos son la minoría más grande del país: el 22% de la población.

Como una de las periodistas en español más vistas en Estados Unidos, esta comunidad fue mi audiencia. Fui su narradora y traductora. Fui su puente. Mucho antes de llegar al Congreso en 2021, yo los conocía, y ellos me conocían muy bien.

Pero también nací en Estados Unidos, soy estadounidense de primera generación. Así que también conozco al trabajador que se siente olvidado. Conozco a la familia en Arkansas que se frustra al ver las caravanas en televisión. (¡Yo también gritaba a la pantalla y movía la cabeza!)

Conozco al hombre en Youngstown, Ohio, que culpa a los inmigrantes por el tráfico, el aumento de precios en la vivienda y la pérdida de empleos. Su enojo es real. Su lucha es real. Pero su blanco está equivocado. Deportar inmigrantes no lo salvará. No bajará su hipoteca, ni hará más baratos sus alimentos, ni asegurará su empleo. Solo hará su vida más difícil —aunque él aún no lo sepa.

¿Quién más? La joven en Texas que teme que sus hijos nunca puedan tener una casa porque el sistema está roto. El jubilado en Arizona que teme que su Seguridad Social colapse por el caos. El policía en Florida que se pregunta por qué persigue a familias respetuosas de la ley en lugar de a pandillas. Todos ellos merecen la verdad.

La verdad siempre ha sido mi guía. Como periodista de televisión, construí mi carrera sobre ella. Como congresista, sigo guiándome por ella. Y la verdad es esta: el sistema migratorio de Estados Unidos está roto desde hace cuarenta años. Deportar a todos no lo arreglará. La amnistía —sea lo que sea— tampoco lo hará. Solo una reforma audaz y definitiva puede solucionarlo.

El problema ha crecido. Y por primera vez en cuarenta años, estadounidenses de todos los orígenes están involucrados. Están enojados. Exigen soluciones. La inmigración ya no es una crisis que podamos ignorar.

Estamos en una encrucijada. Un camino lleva a la crueldad, el caos y el declive. El otro lleva al orden, la prosperidad y la renovación.

Estados Unidos siempre ha aspirado a ser una ciudad brillante en la cima de una colina —un refugio que atrae a personas como Albert Einstein, mentes que nos hacen grandes. Un lugar de segundas oportunidades. Ahora es el momento de recordar esa ambición y alcanzarla de nuevo, con valentía, honestidad y audacia.

No con medias tintas. No con promesas vacías. No con verdades a medias. Sino con la misma determinación que construyó este país desde el principio.

Si lo hacemos, Estados Unidos brillará más que nunca.

Esa es la verdad.

Capítulo 1

No se detendrá en los criminales

- Los políticos dicen que las deportaciones van dirigidas a "los malos", pero para cumplir con sus cuotas, muchos "buenos" también serán atrapados en redadas de ICE y deportados.
- Una redada masiva afectará más a los trabajadores agrícolas, cuadrillas de construcción, cuidadores y ciudadanos comunes que a los narcotraficantes y criminales.
- La verdadera seguridad consiste en liberar a ICE para que se enfoque en amenazas reales, no en destruir comunidades.
- Sin una reforma responsable, los estadounidenses pagarán el precio: precios más altos, familias divididas y calles menos seguras.

ENCONTRAR A LOS MALOS ES MÁS DIFÍCIL QUE ENCONTRAR A LOS BUENOS

Ya ha pasado casi un año del segundo mandato del presidente Trump y de su promesa de "deportar a todos los criminales ilegales".

¿Qué hemos logrado? Para algunos, miedo, confusión, caos. Para otros, alguien está tomando acción, poniendo orden en la casa.

Los titulares lo dicen mejor que cualquier discurso: "Agentes federales irrumpen en casa de mujer con niños pequeños en California". "Pequeños pueblos cancelan ferias latinas: 'el clima de miedo es real'". "Manifestantes en Chicago desafían amenazas de deportación de Trump". "Redada en fábrica de alimentos en Nueva York deja decenas de detenidos". "ICE arresta a casi 500 personas en planta de Hyundai en Georgia". "Mujer iraní, residente en EE. UU. por 47 años, detenida por ICE mientras trabajaba en su jardín". "Docenas detenidos en redadas migratorias en Nueva York, dice el gobernador".

Eso no significa que no se estén arrestando criminales. Sí se están arrestando. Y los titulares también lo muestran: "Decenas de miles de inmigrantes ilegales con condenas por agresión sexual y asesinato en EE. UU.: datos de ICE." "Redada en planta de carne revela esquema masivo de robo de identidad liderado por inmigrantes ilegales". "DHS arresta a cinco inmigrantes ilegales condenados por crímenes graves, incluyendo asesinato y abuso infantil".

Pero debemos preguntarnos: ¿Nos sentimos más seguros? ¿Tenemos más esperanza en el futuro? ¿Es esto realmente lo que la gente votó?

Aquí va otra verdad difícil: encontrar a los peores criminales ilegales es costoso, laborioso y complicado. Los criminales no llevan letreros luminosos. Son astutos; no están limpiando edificios. También viven en las sombras. No sabemos quiénes son ni dónde duermen. No hay suficientes agentes para encontrarlos, detenerlos y deportarlos con la rapidez que exige la cuota del Departamento de Seguridad Nacional: unas 3000 deportaciones diarias.

Así que, para alcanzar esos números, el gobierno está cambiando el objetivo.

Ahora, si ICE llega a una casa o lugar de trabajo buscando a un criminal y encuentra a cinco personas sin antecedentes —una abuela de 80 años que limpia casas, un padre que regresa de su turno como lavaplatos, o un niño de cinco años en pijama—, los detienen a todos.

Esta estrategia tiene un nombre frío y burocrático: *arrestos colaterales*. Es una política completamente nueva. En administraciones anteriores, si se detenía a un inmigrante indocumentado con antecedentes, se procesaba a esa persona y se dejaba al resto de la familia continuar con su vida. No en 2025. Ahora se llevan a todos los indocumentados, aunque no tengan antecedentes penales.

La misión es "cumplir con los números", y a veces los objetivos más fáciles no son los criminales escondidos en rincones oscuros, sino los trabajadores que están a la vista. El obrero de fábrica cuyo jefe conoce su nombre. El equipo de lecheros al amanecer. La mujer que limpia habitaciones en el cuarto piso. El asistente en la iglesia. Las madres que recogen a sus hijos en la escuela. Los justos están pagando por los pecadores.

Si esto continúa durante los próximos tres años, las consecuencias serán catastróficas para todos. Y seremos nosotros —los ciudadanos estadounidenses de todos los orígenes— quienes sufriremos más.

Seamos claros: estas deportaciones son legales. La administración Trump está cumpliendo la ley. El estatuto lo dice claramente: cualquier persona en EE. UU. sin estatus legal puede ser deportada. Si un oficial te detiene y no puedes demostrar tu estatus legal, puedes ser deportado. Durante décadas, presidentes de ambos partidos reconocieron una verdad práctica: aplicar la ley al pie de la letra —deportar a todos los indocumentados— dañaría al país. Destrozaría economías locales y colapsaría industrias clave. Por eso, las administraciones usaron la discreción. Los Departamentos de Justicia y Seguridad Nacional redactaron reglas, prioridades y memorandos específicos. El mandato era enfocar los recursos en amenazas reales, es decir, criminales. Aunque se ignoraba parte de la ley, había una lógica práctica: proteger al país sin destruir la economía.

Entonces llegó el año 2025. Donald Trump rompió con ese consenso moderno. Trazó una línea tan clara como el amanecer: si estás aquí ilegalmente, puedes ser deportado. Punto.

Una declaración contundente en una era llena de eufemismos. Muchos que habían visto años de desorden en la frontera aplaudieron. Por fin, un presidente decía lo que parecía correcto.

Especialmente después de ver, en los últimos cuatro años, imágenes de caravanas y cientos de miles de personas de todas las razas, colores y edades entrando al país como un torrente.

Pero aquí está el problema, una brecha que rara vez enfrentamos. La idea de "inmigración ilegal" es abstracta. Las vidas de las personas no lo son. Muchos estadounidenses simplemente no saben cuáles vecinos son indocumentados, aunque los vean todos los días, aunque los contraten, aunque se sienten junto a ellos en la iglesia. Para las familias indocumentadas, el estatus es un secreto guardado como una herida. La vergüenza y el miedo los mantienen en las sombras.

Es comprensible que la gente apoye "deportarlos" en abstracto, pero su reacción cambia cuando el deportado tiene nombre y rostro, y resulta que lo conocen. Es diferente cuando es el cajero que embolsa sus compras en el supermercado. O el vecino que quita la nieve de su entrada cada invierno. O un amigo, o un compañero de trabajo.

"No mi amigo".

Este es el escenario que ocurre cada día en Estados Unidos. En grandes ciudades, en pequeños pueblos. Alguien es deportado, y el ciudadano promedio se pregunta qué pasó con Pepe.

Llega el mensaje: ¿Deportado? ¿Por qué él? Es un buen hombre. Trabaja duro. Va a la iglesia cada semana. Ni siquiera sabía que era indocumentado.

Ahí está, expuesto a plena luz: muchos están de acuerdo con las deportaciones, hasta que se trata de *su* inmigrante. Hasta que es *su* amigo. El principio choca con la proximidad. La realidad golpea como un tren.

LOS INVISIBLES

Estas son las personas invisibles que nos rodean, y afectan casi todos los aspectos de tu vida.

Ponte, por un momento, en los zapatos de muchos estadounidenses comunes. Aquí van algunos ejemplos:

Tomando algo: Vas a un bar con amigos. Pides una cerveza. El camarero puede ser ciudadano. Pero ¿quién cambia los barriles, lava los vasos? Antes de que esa IPA llegara al grifo, ¿quién recogió el lúpulo? ¿Quién procesó el grano? ¿Quién condujo los palets hasta la cervecería? En casi cada paso, hay manos invisibles que nunca conocerás.

En el salón de belleza: Planeas un fin de semana con amigas y paras a hacerte la manicura. El salón está impecable; el servicio es amable, rápido y asequible. Sabes que es propiedad de inmigrantes. Asumes que todos están legalmente en el país. Solo te enteras de lo contrario cuando ICE detiene a la dueña —como Melissa Tran en Hagerstown, Maryland, quien llegó desde Vietnam siendo niña y construyó un pequeño negocio familiar antes de ser arrestada en 2025.

Un accidente: Despiertas en emergencias después de un choque. Médicos, enfermeros, asistentes y técnicos se mueven como un solo organismo. En un país con escasez de personal clínico, es muy probable que al menos una persona que te atiende haya nacido en otro país. Y sí, una porción de ellos es indocumentada. Sin ellos, tu espera se alarga, tu recuperación empeora.

Navidad: Haces clic en "Comprar ahora". El paquete llega en dos días. ¿Quién moldeó las piezas? ¿Quién cerró la caja? ¿Quién la clasificó a medianoche y la escaneó a las 4:00 a.m.? No los ves, pero dependes de ellos.

Una buena comida: Estás en Omaha y pides un filete con ensalada y puré de papas. Esa carne pasó por un matadero, una industria que se apoya en la mano de obra inmigrante como columna vertebral. La lechuga y el tomate probablemente vinieron de campos en California o Florida, recogidos bajo el sol por personas que nunca conocerás. Las papas de Idaho viajaron por las autopistas en un camión cargado, embalado y conducido por hombres y mujeres cuyos nombres nunca sabrás. Un solo plato; docenas de manos anónimas. No ves que dependes de ellos.

Fiesta de cumpleaños: Tu hijo cumple cinco años. Estás en un parque local. El césped está cortado. Las papeleras vacías. El pabellón limpio. ¿Quién lo hizo? El pastel es perfecto. ¿Quién batió la masa, decoró las flores de azúcar y deslizó la caja con una sonrisa?

Entrenamiento deportivo: Llevas a tu hijo al fútbol. A veces compartes coche con otras madres. Un día, una de ellas ya no está. Ocurrió en Kennett, Missouri, con Carol Mayorga. Veintiún años en Estados Unidos, querida por su comunidad, trabajadora en un restaurante local. "La persona más alentadora que podrías conocer", decían los clientes. Fue a lo que pensaba que era una cita rutinaria con ICE. Salió esposada.

Iglesia: Asumes que todos en la iglesia son ciudadanos. ¿Por qué no lo serían? Sin embargo, uno de cada doce cristianos en Estados Unidos está en riesgo de deportación o vive en un hogar donde alguien lo está. Católicos y evangélicos, banco por banco. Estadísticamente, alguien en tu congregación es indocumentado. Puede que no lo sepas hasta que un asiento vacío lo revele.

Caso tras caso, el miedo es parte de la vida cotidiana que no se puede evitar.

El miedo se siente en cada barrio inmigrante de Estados Unidos. Los indocumentados saben que si la misión es cumplir con números, la aplicación de la ley no se detendrá con "los criminales". No se detendrá con redadas colaterales. Se expandirá. En las esquinas al amanecer, donde las cuadrillas buscan trabajo. A las puertas de las fábricas; a cocinas; a las filas escolares. A los 2.6 millones de indocumentados casados con ciudadanos estadounidenses, cuyo estatus no puede regularizarse bajo la ley actual; a iglesias, a hogares donde se paga la hipoteca, se declaran impuestos, y los niños juran lealtad en la escuela. Para esos niños, el único país que han conocido es el que ahora los expulsa.

Si el gobierno realmente cumple su promesa hasta el final, no estamos hablando de unas pocas redadas. Estamos hablando de arrestos masivos a una escala sin precedentes. Un informe de 2025, elaborado por una coalición de grupos religiosos, estimó que hasta **diez millones** de cristianos en Estados Unidos son indocumentados o tienen un familiar cercano en riesgo. Un medio de comunicación destacó el hallazgo principal: **uno de cada doce cristianos en EE. UU. está personalmente en riesgo o vive en un hogar con estatus mixto.** Imagina las consecuencias catastróficas para las comunidades de fe, en un momento en que la afiliación religiosa va decayendo, como lo muestra el estudio Pew Religious Landscape.

Sería la mayor pérdida de religiosidad en la historia moderna de Estados Unidos.

La conclusión es simple: los inmigrantes —incluyendo aquellos sin estatus legal— son parte del tejido de Estados Unidos. Están en nuestra economía, nuestras congregaciones, nuestros vecindarios, nuestras cocinas, nuestros hospitales y nuestros campos. Podemos fingir lo contrario, o podemos elegir una solución práctica que sirva a toda la nación.

LAS DEPORTACIONES MASIVAS DESTRUIRÁN LA ECONOMÍA

Ahora ampliemos la mirada y hablemos con franqueza sobre las industrias que mantienen vivo a Estados Unidos —agricultura, construcción, hostelería— y lo que ocurre si tiramos del hilo equivocado.

No hace falta que te importe la historia personal de cada inmigrante indocumentado para entender el peligro económico de las deportaciones masivas. Basta con mirar los números en la industria alimenticia. Aproximadamente la mitad de la fuerza laboral agrícola en EE. UU. es indocumentada. Si eliminamos a esos trabajadores el lunes, no habrá comida en tu mesa el viernes. No es teoría, es logística. Sembrar, cuidar y cosechar, ocurren en ventanas de tiempo que no se pueden extender. Una cosecha perdida no es un retraso; es una pérdida. La agricultura no solo es lo que comemos, es también un pilar de nuestras exportaciones. En el mundo, pocos países pueden alimentarse a sí mismos y vender a otros. Estados Unidos es uno de ellos. Si debilitamos eso, no solo suben los precios sino que perdemos poder a escala global.

Elimina esa mano de obra, y la onda expansiva recorre toda la cadena. Del campo a las plantas de empaque. De los camiones refrigerados a los centros de distribución. De los refrigeradores del supermercado a tu mesa. Mientras tanto, los consumidores no perdonan, y las cadenas de suministro son frágiles. Sin manos, no hay cosecha. Sin cosecha, no hay margen. En una semana, los precios suben. En dos, los menús cambian. En tres, tu lista del supermercado supera tu presupuesto.

Eso fue agricultura. Ahora hablemos de construcción. Construir, como cultivar, se sostiene sobre hombros inmigrantes.

Desde el principio, los inmigrantes han sido la columna vertebral de la capacidad de EE. UU. para levantar, esculpir y elevar. Casi todo lo que define nuestro paisaje —desde infraestructura básica hasta los pilares de mármol de nuestra democracia— lleva huellas inmigrantes. La Casa Blanca y la cúpula del Capitolio. Sí, los esclavos fueron los principales constructores de esas obras tempranas. Pero junto a ellos trabajaron canteros escoceses, talladores irlandeses y artesanos italianos. El Capitolio se inspiró en la arquitectura de Roma y Atenas, mientras escultores y pintores italianos cruzaron el océano debido a sus habilidades insuperables.

El Canal Erie conectó a la joven nación: 350 millas de tierra y roca excavadas por manos irlandesas, con alemanes y escoceses a su lado. Ese canal se convirtió en una puerta de entrada, uniendo Nueva York con el Lago Erie, el río Misisipi y el Oeste, impulsando el comercio y el asentamiento. Permitió que el país creciera.

El Ferrocarril Transcontinental: una cinta de acero martillada a través del desierto y las montañas, casi toda por trabajadores chinos. Sin él, no habría conexión continental ni auge industrial a la escala que logró EE. UU.

Los rascacielos y puentes de Nueva York —símbolos que aún asombran al mundo— se levantaron piso por piso sobre las espaldas de inmigrantes irlandeses, alemanes e italianos que se equilibraban en vigas, construyendo cuatro pisos por semana, con la muerte esperando abajo.

La presa Hoover: trabajadores irlandeses, italianos y mexicanos se unieron para verter el concreto y dar forma a una de las maravillas del siglo XX.

Incluso durante la Segunda Guerra Mundial, cuando escaseaba la mano de obra, los inmigrantes llenaron el vacío. Mantuvieron las fábricas funcionando, los campos produciendo, los puentes elevándose. Estados Unidos construyó porque los *inmigrantes* construyeron.

Ahora pregúntate: en 2025, ¿qué pasa si arrancamos esas manos?

No solo está en juego la infraestructura mayor. Estamos viviendo una de las peores crisis de vivienda en la historia moderna. Los precios se disparan no solo por el costo de materiales o disputas de zonificación, sino porque el país simplemente no puede satisfacer la demanda. No estamos construyendo suficientes viviendas por la falta de mano de obra, materiales y velocidad.

El Instituto de Constructores de Viviendas, junto con la Asociación Nacional de Constructores, lo dejó claro en junio de 2025. Incluso con la fuerza laboral actual, legal o ilegal, la mano de obra es insuficiente. Las carencias están costando 10800 millones de dólares al año —por retrasos, proyectos a medio terminar y una producción que se ralentiza en promedio dos meses—. Veinte mil viviendas unifamiliares al año que nunca se construyen; eso son miles de millones en valor perdido, pero más aún en sueños perdidos.

No podemos resolver esta crisis sin más constructores. No podemos aumentar la oferta sin más trabajadores. No podemos hacer que las viviendas sean asequibles mientras deportamos a quienes están martillando y colocando ladrillos.

Algunos dicen que deportar millones liberará viviendas, crearán vacantes que bajarán los precios. Es una fantasía. Los inmigrantes viven mayoritariamente en ciudades, en hogares multigeneracionales y abarrotados. Los apartamentos vacíos que dejan no son las casas unifamiliares que las familias jóvenes desesperadamente quieren comprar. La idea de que la deportación resolverá la crisis de vivienda se derrumba ante los hechos.

Lo que sí hará la deportación es frenar aún más la construcción. Menos cuadrillas. Más esperas. Ofertas más caras. Cada familia estadounidense ya excluida de una hipoteca será empujada aún más lejos. La propiedad de una vivienda —el corazón del sueño americano— se aleja cada vez más.

Las deportaciones masivas no abrirán la oferta de viviendas. La reducirán. Profundizarán la crisis.

El presidente Trump, constructor él mismo, conoce esta verdad en lo más profundo. Él entiende: si perdemos nuestra capacidad de construir, perdemos nuestra capacidad de crecer. Sin constructores, Estados Unidos deja de elevarse.

Aquí hay una desconexión: el mandato de ICE no se detiene debido al mercado inmobiliario. Cuando los criminales hayan sido expulsados, cuando los arrestos colaterales disminuyan, las cuotas seguirán ahí. ¿Quién sigue? Pues los techeros, los instaladores de paneles, los mezcladores de concreto.

Ya expliqué dónde vives y qué comes. Ahora hablemos de dónde te diviertes.

La hostelería no es menos vulnerable. Los estadounidenses viajan por trabajo o por placer. Necesitamos hoteles donde alojarnos. Disfrutamos comer en restaurantes. Nuestro estilo de vida se basa en el servicio, y ese servicio descansa en manos inmigrantes. Legales e ilegales, ambos. Y aun hoy, con la fuerza laboral actual, hay escasez por todas partes.

El Informe Independiente de Restaurantes James Beard de 2025 lo dejó claro. Mes tras mes, los restaurantes tienen una falta de más de 200 mil trabajadores. Se reducen horarios. Se cierran puertas un día a la semana por falta de personal. El 91 % se vio obligado a subir precios para satisfacer los salarios necesarios debido a la escasez de personal. Los clientes lo ven cada vez que salen a comer, la cuenta sube, la espera se alarga, el servicio se debilita.

En una visita reciente a un bar deportivo popular en el sur de Florida, pregunté al dueño sobre los desafíos que enfrentaba en cuanto a inmigración y personal. Con menos inmigrantes en la zona —y trabajadores temerosos de ser detenidos— le costaba encontrar suficientes lavaplatos para cubrir los turnos. Los lavaplatos pueden considerarse el peldaño más bajo, dijo, pero son una pieza crucial en el servicio del restaurante. Marcan el ritmo de toda la cocina. Cuando los platos y vasos están sucios, los camareros tienen que limpiarlos ellos mismos, lo que añade presión. Los clientes se quejan al personal, aunque no sea culpa suya; están haciendo todo lo que pueden. La moral baja, los platos se acumulan, y el ciclo se descontrola.

¿Y qué tal tu salud y bienestar?

La fuerza laboral inmigrante nos toca a todos a través de la atención médica. Está presente en el cuidado personal. Los inmigrantes son un pilar de la medicina misma. Médicos, enfermeros, asistentes, técnicos, personal de limpieza. Hay inmigrantes en cada puesto. Sin ellos, las esperas en urgencias se alargan diez, doce, dieciséis horas. Las clínicas cierran antes. Las farmacias reducen horarios. Incluso servicios básicos —una radiografía, un análisis— tardan días en lugar de horas.

Otro hecho inevitable: Estados Unidos está envejeciendo. El número de jubilados aumenta. Se necesitan cuidadores en cada comunidad. ¿Quién atenderá a los mayores cuando sus propios hijos aún están trabajando? Cada vez más, son los inmigrantes —altamente capacitados, profundamente compasivos, dispuestos a cubrir esos vacíos—. Si deportamos en masa, no solo perdemos jornaleros o techeros. Perdemos enfermeros. Perdemos asistentes. Perdemos a quienes algún día cuidarán de nosotros.

Durante la pandemia, los estadounidenses aprendieron lo que era una cadena de suministro.

Y esa cadena también se ve afectada. El comercio minorista. La logística. Pero la lección ya se está olvidando. Los inmigrantes han estado llenando esos huecos, clasificando en almacenes, conduciendo camiones, entregando paquetes. Y aun así, no es suficiente. Un estudio del Niskanen Center mostró que los productos agotados en tiendas en línea pasaron de uno cada 200 páginas a uno cada 59. Es el estándar cayendo en tiempo real. Menos trabajadores significa entregas más lentas. Entregas más lentas significan consumidores frustrados y menor calidad de vida. Para los empleadores, los retrasos en la entrega de productos dificultan los negocios.

Farmacias, cafeterías, centros de distribución, todos ahora cierran temprano o se saltan días. No es una simple molestia. Es que los estadounidenses pierden acceso a comida, medicina y salarios. Cuando FedEx aplica tarifas por falta de personal, cuando UPS extiende los tiempos de envío, cuando USPS alarga sus plazos, todo recae en el cliente. En ti.

Y la demanda sigue creciendo. La tasa de participación laboral cae. Aumentan los jubilados. Se disparan las necesidades de cuidado de mayores. ¿Quién cubrirá ese vacío? Si deportamos a quienes ya están aquí, ese vacío se convierte en un abismo.

Incluso Jerome Powell, presidente de la Reserva Federal —cauteloso y prudente— tuvo que admitirlo bajo presión en junio de 2025.

Durante una audiencia del Comité de Servicios Financieros de la Cámara, le pregunté directamente: ¿Cuál es el efecto de perder miles de trabajadores —"daño colateral"— en las redadas de ICE? Al principio esquivó: dijo que la inmigración no era su área, que otras agencias podían hacer esas proyecciones, y que la Fed acepta la política migratoria tal como viene. Pero insistí, y lo dijo: "[Eliminar trabajadores ilegales] ha reducido el crecimiento de la fuerza laboral. Cuando se ralentiza significativamente ese crecimiento, se ralentiza el crecimiento económico. Creo que el crecimiento se desacelerará, y ya se está desacelerando este año, y esa es una de las razones".

Directo de la fuente: el presidente de la Fed lo dijo —deportar buenos trabajadores equivale a menor crecimiento—; menor crecimiento económico significa que todos los estadounidenses pierden.

Aquí va una verdad que la mayoría de los políticos no se atreve a decir: los inmigrantes hacen los trabajos duros que la mayoría de los estadounidenses no quiere hacer.

¿Cuántos ciudadanos recogerán naranjas bajo el calor húmedo de Florida? ¿Cuántos pasarán horas bajo el sol de California cosechando jalapeños? Son trabajos brutales, agotadores. Siempre lo han sido. Históricamente, los que tenían menos opciones los asumían, ya fuera construyendo ferrocarriles en el desierto, trabajando en mataderos helados del Medio Oeste, o sudando en granjas de arándanos en Alabama.

Los inmigrantes no están robando esos empleos. Los están ocupando. Son complementarios, no sustitutos. Al asumir los trabajos más duros, permiten que los estadounidenses asciendan. No desplazan, habilitan. Piénsalo así: un inmigrante en el campo libera a un ciudadano para trabajar en un almacén con aire acondicionado. Ese ciudadano en el almacén libera a otro para trabajar en una oficina administrativa. Solo se puede subir una escalera si alguien sostiene la base.

Los inmigrantes eligen este trabajo. Nadie los obliga a cosechar lechuga, lavar platos o limpiar baños de hotel. Lo eligen porque, comparado con lo que dejaron atrás, estos trabajos significan supervivencia, progreso, posibilidad. Si no valieran la pena, no cruzarían desiertos, ríos, ni vivirían bajo la amenaza constante de la deportación.

Los inmigrantes no son solo trabajadores, también son consumidores.

El National Immigration Forum lo cuantificó: solo los inmigrantes indocumentados tenían casi 300 mil millones de dólares en poder adquisitivo en 2023. Si los sacamos de la economía, arrancamos miles de millones en demanda. Los negocios no solo colapsan porque pierden empleados, sino porque pierden clientes.

Cada familia indocumentada compra comida, ropa, gasolina y pañales. La mayoría paga alquiler, servicios y teléfono. Van a partidos y conciertos. Cada sueldo que ganan vuelve a circular en la economía local.

Los inmigrantes amplían la demanda. Invierten en los vecindarios. Abren tiendas y alquilan locales. Son efectos multiplicadores en forma humana. Deportarlos contrae la economía. Mantenerlos, reformando el sistema, la expande.

Esto no es caridad. Es aritmética. Y como la economía lo toca todo, ahora el sueño americano está en juego.

Ese sueño siempre fue fácil de mencionar y posible de lograr: trabajar, ascender, ahorrar, comprar, y dejar algo mejor a tus hijos. Durante dos siglos, esa promesa se cumplió porque la economía se duplicaba —aproximadamente cada veinticinco años, nuestra riqueza se duplicaba—. La inmigración siempre fue parte de ese crecimiento. Nuevos trabajadores, nuevos consumidores, nuevas ideas. Crecimiento compuesto.

Pero hoy, por primera vez en la historia moderna, ya no está garantizado que los hijos vivan mejor que sus padres. Y uno de los mayores factores de esa desaceleración es la política migratoria, tanto el flujo ilegal que nos negamos a resolver, como el sistema legal que nos negamos a modernizar.

Si cerramos la puerta, si sacamos a millones que ya forman parte del engranaje, el sueño americano muere. No en teoría, sino en la práctica. En los sueldos, las hipotecas y los estantes vacíos.

Una vez más, tenemos una elección: invertir en los estadounidenses, reformar el sistema, elevar el estándar, o aferrarnos a los lemas, deportar a la fuerza laboral, y ver cómo el sueño se derrumba en una generación.

ARREGLAR LA INMIGRACIÓN, NO USARLA COMO ARMA

El sistema actual no satisface a nadie. Los inmigrantes viven con miedo, sin saber si mañana escucharán un golpe en la puerta. Los ciudadanos viven frustrados, viendo leyes sin aplicar, caos en la televisión, y líderes impotentes. Algunos exigen deportaciones masivas, creyendo que si se viola la ley, debe aplicarse máxima dureza. Otros suplican compasión, creyendo que la compasión, en este caso, es un valor estadounidense. La mayoría simplemente quiere una solución, justa, firme y definitiva.

Ningún partido político creó este desastre. Pero el Congreso existe por una razón principal: legislar cuando el pueblo lo exige. Y tenemos un problema serio que necesita una respuesta del gobierno.

He prometido decir la verdad, y aquí está:

- El sistema está roto.
- Deportar a todos no lo arreglará.
- Dar carta blanca a quienes violaron la ley tampoco lo arreglará.
- Solo una reforma medida y práctica puede solucionarlo.
- Esa reforma debe ser firme, definitiva y aplicable.

La inmigración no es un tema secundario. No es un debate marginal. Es la economía. Es la seguridad nacional. Refleja nuestros valores. Es el sueño americano en sí. Ignorar esto pone en peligro no solo a los inmigrantes, sino al futuro mismo de esta república.

Administración tras administración, los presidentes han postergado el problema. El Congreso ha fallado en actuar. Ambos partidos comparten la culpa. Pero el pueblo estadounidense ya no acepta la parálisis. Está enojado. Tiene miedo. Exige soluciones.

Estamos en una encrucijada. Un camino lleva al colapso y al declive. El otro, a la reforma, la renovación y a un Estados Unidos más fuerte que nunca. La decisión es nuestra.

Y una solución —la *Ley Dignidad de 2025*— ya fue presentada en el Congreso.

La verdad es ineludible: Si Estados Unidos quiere crecer, prosperar y cumplir su promesa, la inmigración debe arreglarse, no convertirse en un arma.

Capítulo 2

¡Son las caravanas, estúpido!

- Las caravanas que cruzaron masivamente la frontera durante el mandato del presidente Biden fueron un desastre. Desviaron la conversación hacia el caos inmediato. Lo urgente ahogó lo importante.
- Se estima que entre 10 y 15 millones de personas ingresaron durante el mandato de Biden, provenientes de todo el mundo. Aprovecharon una frontera abierta, mientras quienes llevan años viviendo y trabajando en EE. UU. quedaron pagando el precio.
- El caos de estos últimos cuatro años hizo que los estadounidenses se sintieran menos seguros y perjudicó gravemente a la comunidad hispana en el país.
- Solo la *Ley Dignidad* garantiza que no volvamos a enfrentar una crisis así, restaurando el orden, asegurando la frontera y ofreciendo una solución permanente.

EL DESASTRE FRONTERIZO DE BIDEN
¿Cómo llegamos a este punto tan peligroso?

Biden. Las caravanas. Fue una invasión ante nuestros propios ojos.

Durante casi cuatro años, de 2021 a 2024, cualquiera que encendiera la televisión o leyera un periódico se encontraba con imágenes aterradoras: caravanas de hombres, mujeres y niños avanzando hacia la frontera sur de Estados Unidos. Cientos de miles de personas. Campamentos improvisados en el camino. Imágenes constantes de cruces de ríos, enfrentamientos con autoridades fronterizas o simplemente personas caminando frente a agentes agobiados.

Otra vez, los titulares lo decían todo: "La administración Biden ha despenalizado y monetizado el caos en la frontera: los niños están muriendo por el 'experimento fronterizo' de Biden, dice el fiscal general de Arizona". "Migrante de la que podría ser la mayor caravana, exige que Biden cumpla su promesa de asilo". El artículo continuaba: "El número actual de cerca de 10 mil migrantes podría aumentar a unos 15 mil antes de llegar a la frontera… La caravana partió de Tapachula, en la frontera entre México y Guatemala, el lunes. Los migrantes, en su mayoría de Venezuela, Cuba y Nicaragua, tomarán la ruta costera para llegar a la frontera estadounidense".

¿Quince mil migrantes? Las cifras eran impactantes, y las imágenes aún más. Líneas de personas organizadas, aparentemente respaldadas por varias redes y recursos.

Fox lo repetía noche tras noche: "Caravana de casi 8 mil migrantes se dirige a EE. UU."

"Caravana exige que la administración Biden 'cumpla sus compromisos'". "Caravana de miles avanza por México hacia la frontera: 'Díganle a Biden que vamos'". "Caravana creciente se dirige a EE. UU. en los últimos meses del mandato de Biden".

Para muchos republicanos, el mensaje de Biden al mundo era claro: "Entren todos. Las puertas están abiertas".

Y la verdad es que no estaban del todo equivocados. A principios de 2021, el presidente Biden detuvo la construcción del muro fronterizo. Revirtió el programa "Quédate en México", que obligaba a los solicitantes de asilo a esperar al otro lado de la frontera mientras se procesaban sus casos. Aunque imperfecto, ese programa disuadía solicitudes fraudulentas. Su eliminación marcó un cambio.

Esto fue lo que hizo el presidente Biden:

- Revocó de inmediato la emergencia fronteriza.
- Detuvo la construcción del muro.
- Derogó siete órdenes ejecutivas de Trump, como las prohibiciones de viaje desde países peligrosos.
- Apoyó la "Ley de Ciudadanía de EE. UU.", dando señales de que respaldaba una vía rápida y garantizada hacia la ciudadanía para todos los ilegales.
- Emitió una estrategia de "Causas raíz" para abordar la migración desde Centroamérica.

Debido a estas acciones, la percepción entre los migrantes esperanzados de todo el mundo era "son bienvenidos." Ahora es el momento de entrar.

La acción más trascendental fue revocar la política fronteriza del Título 42.

En mayo de 2023, la administración eliminó el Título 42, una norma de la era Trump que permitía expulsar rápidamente a solicitantes de asilo por motivos de salud pública durante la pandemia. El resultado fue predecible. Los cruces se dispararon, alcanzando niveles nunca vistos.

No solo llegaron venezolanos y mexicanos. Vinieron migrantes de China, Asia Central, África y Medio Oriente. Se identificaron criminales, traficantes de personas y sospechosos de terrorismo entre ellos. La frontera dejó de ser una crisis regional. Se volvió global.

¿Quiénes eran estas personas? Algunos ejemplos:

- 260 000 de India
- 190 000 de Filipinas
- 166 000 de China
- 124 000 de Rusia
- 16 000 de Myanmar
- 15 000 de Mauritania
- 13 000 de Senegal
- 1 500 de Tayikistán

¿Por qué nadie los detenía? ¿Qué tipo de país permite que millones entren sin preguntar? Eso da miedo.

Las políticas fronterizas de Biden, desde el punto de vista de la seguridad, fueron una vergüenza, pero ya para 2025, la realidad dejó de ser graciosa. Nunca antes en la historia de EE. UU. se había visto una oleada como la de 2021 a 2024. Muchos estadounidenses, especialmente republicanos, lo vieron como una invasión.

La situación bajo Biden fue caótica, imprudente y profundamente irresponsable. Fue terrible para el país en muchos sentidos. Pero para los hispanos que ya vivían aquí, fue algo más: una tragedia.

UN DILUVIO DE PROPORCIONES BÍBLICAS

Llegué al Congreso justo cuando la administración Biden convertía la frontera en una crisis total y una pesadilla humanitaria. A principios de 2022, la ola migratoria se extendía desde Sudamérica hasta Estados Unidos.

Recuerdo haber mirado con incredulidad cómo miles y miles llegaban.

Según datos del Departamento de Seguridad Nacional, pocos meses después de que Biden asumiera el cargo, los encuentros en la frontera comenzaron a romper récords. Primero 2 mil al día, luego 3 mil. Casi 90 mil al mes. Pero no se detuvo ahí. Pronto los cruces superaron los 10 mil diarios, 250 mil al mes. Un cuarto de millón. El sistema estaba colapsando.

Durante los cuatro años de Biden, se estima que más de 12 millones de personas ingresaron ilegalmente al país, incluyendo 2 millones de "fugitivos" conocidos, o sea, personas detectadas por vigilancia pero nunca detenidas. Para los otros 10 millones, la historia varía. Algunos fueron procesados. Algunos recibieron libertad condicional. Muchos simplemente fueron liberados con instrucciones de presentarse a una audiencia judicial años después. El sistema de "captura y liberación" —permitir que alguien entre mientras espera una audiencia de asilo que puede tardar años— se convirtió en la norma. **Fue la estrategia número uno de los ilegales para burlar el sistema.**

Miles entraban cada día. Comunidades enteras, especialmente en pueblos fronterizos de Texas, Arizona y Nuevo México, quedaron desbordadas de la noche a la mañana.

Pero si eso no fuera suficiente, hablemos de los niños. Algo muy siniestro estaba ocurriendo.

El sistema estaba tan dañado que el entonces secretario de Seguridad Nacional, Alejandro Mayorkas, me admitió que las autoridades no podían realizar pruebas de ADN a cientos de miles de niños traídos a la frontera. Bajo las políticas de Biden, quienes llegaban con un niño o como parte de una unidad familiar eran procesados más rápido. Se explotó esa laguna legal. Hombres adultos viajaban con niños que no eran suyos.

¿Qué pasó con esos niños después de entrar? En su mayoría, no se sabe. Pueden imaginar lo que eso significa. Lo más probable es que sufrieron el destino de otras víctimas de trata. Aún estamos intentando averiguar qué pasó con ellos. Algunos fueron traficados. Algunos fueron "reciclados", o sea, devueltos solo para ser usados de nuevo como el "hijo" de otro hombre en el siguiente cruce.

Para 2025, ICE no pudo localizar a 290 mil niños que se sabe que ingresaron a Estados Unidos.

No estoy exagerando; esto es la verdad.

Nosotros, los estadounidenses, vimos con frustración y enojo cómo se desarrollaba la crisis. Sentimos una profunda indignación al ver a los agentes de la Patrulla Fronteriza completamente desbordados más allá de sus límites físicos y humanos. Sentimos ira por los estadounidenses que veían cómo se incumplían sus leyes, y por los millones de inmigrantes indocumentados que habían vivido aquí durante décadas, trabajando, pagando impuestos y formando familias, y que de repente se vieron sumidos en una nueva ola de caos.

LO URGENTE DESPLAZA A LO IMPORTANTE

A medida que la frontera se convirtió en el centro candente del debate sobre la inmigración, la atención nacional cambió por completo. Ya no se trataba de los indocumentados que ya vivían aquí. Ya no se trataba de los Dreamers. Ya ni siquiera se trataba de mantener unidas a las familias.

Se trataba solo de la frontera, sin otro contexto. Era tan grave la situación que no se podía hablar de otra cosa.

Día tras día, las caravanas dominaban el ciclo de noticias. Las imágenes de multitudes presionando contra las vallas, de niños llorando en refugios superpoblados, de pueblos abrumados que declaraban el estado de emergencia, acaparaban la atención pública. La inmigración se convirtió en sinónimo de fracaso fronterizo.

Pero la inmigración no es solo la frontera sur. La frontera es apenas una parte de un panorama mucho más amplio.

Lo que hizo Joe Biden fue lo peor que podía haber hecho para los inmigrantes indocumentados que ya habían construido sus vidas aquí. Saboteó cualquier posibilidad de un debate nacional serio. Los residentes de muchos años fueron marginados. La posibilidad de una reforma, ya de por sí escasa, quedó archivada indefinidamente.

LOS DREAMERS OLVIDADOS

Antes de Biden, la inmigración estaba estancada, pero aún había espacio para el diálogo.

DACA y los Dreamers —niños indocumentados traídos a EE. UU. a una edad temprana—contaban con una simpatía bipartidista.

Incluso muchos republicanos, que podían oponerse a una reforma más amplia, aceptaban a los Dreamers como "estadounidenses en todo menos en el papeleo". En 2018, el presidente Trump estuvo dispuesto a negociar con Nancy Pelosi: 25 mil millones de dólares para seguridad fronteriza a cambio de estatus legal para 1.8 millones de Dreamers. No fue poca cosa. Fue prueba de que el consenso era posible.

Pero la política se interpuso. Piénsenlo: Trump ofrecía una vía hacia la ciudadanía para 1.8 MILLONES de Dreamers (primero eran 800 mil, luego lo amplió a 1.8 millones), y Nancy Pelosi, quien tanto clamaba por los "pobres niños", no aceptó. Nadie sabe exactamente qué pasó, pero yo creo que Pelosi, entonces presidenta de la Cámara, pudo haber negociado algo si realmente lo hubiera querido. Sin embargo, la política prevaleció. Palabras como "amnistía" y "financiamiento del muro" envenenaron la conversación. El acuerdo se derrumbó. Luego llegó Biden y abrió la frontera.

La simpatía pública se evaporó. El flujo constante de imágenes —caravanas, oleadas en la frontera, historias de criminalidad— endureció la opinión pública. La gente vio millones de personas llegar en un año y pensó: "Estamos perdiendo el país. Esto no es estadounidense".

La secuencia se volvió predecible: primero atender a los recién llegados, luego asegurar la frontera, y tal vez, solo tal vez, hablar de los Dreamers. Siempre relegados al final de la fila. Siempre "más tarde".

Para 2024, en plena campaña presidencial, incluso la administración Biden tuvo que dar marcha atrás. Los números eran demasiado altos. El caos, demasiado evidente.

La vicepresidenta Kamala Harris, que aspiraba a la presidencia, admitió públicamente la necesidad de reforzar la seguridad fronteriza. Se suponía que ella era la "zar" de la frontera.

La confesión fue clara: la política había fracasado.

Pero para entonces, el daño ya estaba hecho.

Entre 2021 y 2024, la política fronteriza de Biden no fue solo un error. Fue una traición a la comunidad hispana. La opinión pública estadounidense comenzó a volverse contra los latinos de una forma que nunca antes vista.

Eso dio a los comentaristas conservadores una posición moral para exigir deportaciones masivas. Dio a los republicanos cobertura política para aplicar políticas más duras.

Y mató la conversación sobre todo lo demás, Dreamers, DACA, residentes de largo plazo, reforma migratoria.

El péndulo, que había oscilado imprudentemente hacia la izquierda, retornó con igual fuerza a la derecha.

LA LECCIÓN DE LAS CARAVANAS

Esta es la historia de las caravanas, cuatro años de desastre. También es la historia de cómo el liderazgo falló.

La crisis fronteriza hizo más que desbordar pueblos y poner a prueba a los agentes.

Redefinió el debate nacional. Transformó la simpatía en sospecha. Dio poder a las voces más extremas. Y dejó a millones de inmigrantes indocumentados con años residiendo en el país, aún más en las sombras.

El Congreso debe aprender esta lección. Fronteras abiertas no son compasión. Ojos cerrados no son liderazgo. Cuando Washington no actúa, el caos llena el vacío, y el caos siempre golpea con más dureza a los más vulnerables.

Así llegamos hasta aquí. Y por eso no podemos permitirnos repetir los mismos errores.

Capítulo 3

El sistema lleva roto cuarenta años. ¿Y saben qué? Es culpa del Congreso

- Desde que el presidente Reagan aprobó la última reforma migratoria hace cuarenta años, ambos partidos han permitido que la crisis se agrave sin resolverla. Ambos partidos han optado una y otra vez por patear la pelota en lugar de enfrentar la realidad.
- Los republicanos exigen seguridad fronteriza, pero han permanecido en silencio ante el resto de la crisis migratoria; los demócratas prometen ciudadanía y no cumplen.
- El Congreso ha creado un laberinto de vacíos legales y medidas a medias que fomentan la entrada ilegal. El Congreso ha fracasado repetidamente a la hora de abordar esta cuestión.
- Mientras tanto, sectores clave de la economía dependen directamente de la mano de obra indocumentada para seguir siendo competitivos. Esto está mal.

- Donald Trump cambió las reglas del juego. La frontera está asegurada, pero nos encaminamos a un choque frontal contra las deportaciones masivas.
- Ahora hay una oportunidad para una reforma práctica.

PERDIDOS EN EL DESIERTO

La crisis migratoria no empezó con Joe Biden. Ni con las caravanas. Ni siquiera con Donald Trump o Barack Obama.

Biden fue la gota que colmó el vaso. Tomó décadas de tensiones sin resolver sobre quién debería entrar al país y en qué número, y echó gasolina hasta que el fuego se descontroló. Cuando las llamas se propagaron, la administración Trump fue la encargada de apagar el fuego e intentar recomponer la situación.

La inmigración lleva mucho tiempo rota. El último presidente que firmó una reforma migratoria significativa fue Ronald Reagan en 1986. Lamentablemente, su reforma falló tan gravemente que aún vivimos las consecuencias.

En los últimos cuarenta años, el Congreso ha abordado casi todos los grandes desafíos nacionales: salud, infraestructura, medio ambiente, impuestos. En inmigración, hemos fallado una y otra vez. Cada intento serio de reforma ha colapsado.

Durante cuatro décadas, Estados Unidos ha vagado en el desierto en materia migratoria.

¿Por qué es tan difícil? ¿Por qué es tan tóxico? La respuesta empieza con la política, la política tradicional de ambos partidos. Durante 250 años, los políticos han jugado con la inmigración: usándola para atraer votantes, mientras demonizan a otros, prometiendo oportunidades a unos mientras cierran la puerta a otros. La inmigración siempre ha sido una pelota política.

Pero la verdad más profunda es más grave: hay poderosos incentivos para no arreglar el sistema, y todo se remonta a una promesa rota hecha por Ronald Reagan en 1986.

En los años 60 y 70, cambios en la ley migratoria provocaron un aumento de llegadas desde América Latina. Al final de los 70, ya vivían en EE. UU. varios millones de inmigrantes indocumentados, trabajando sobre todo en agricultura y empleos de bajos salarios que los estadounidenses no querían. A medida que más migrantes económicos, especialmente de México y Centroamérica, seguían llegando, la presión sobre ambos partidos aumentó.

Así que en 1986, Reagan hizo lo que otros presidentes habían hecho: reconoció la necesidad económica de mano de obra inmigrante, y también el dilema moral y logístico que significaba tener millones de personas viviendo en las sombras. Así que promovió y firmó la *Ley de Reforma y Control de Inmigración de 1986* (IRCA), la última gran reforma migratoria en la historia de EE. UU.

La ley de Reagan fue, en esencia, un trato con el pueblo estadounidense: legalizaremos a quienes ya están aquí, y a cambio, aplicaremos la ley para que no haya más inmigración ilegal. En otras palabras, sellaremos la frontera sur.

La IRCA declaró ilegal contratar a inmigrantes ilegales a sabiendas. Al mismo tiempo, legalizó a los inmigrantes indocumentados que habían llegado antes de 1982. Entre ellos se encontraban antiguos trabajadores invitados, personas que habían excedido la duración de sus visas temporales y otras que habían cruzado ilegalmente. Casi tres millones de personas, la mayoría de ellas mexicanas, iniciaron el camino hacia la ciudadanía. A cambio, la ley prometía sanciones estrictas para los empleadores que contrataran a trabajadores indocumentados y nuevos esfuerzos serios para asegurar la frontera.

(Ironía: casi el 70% de esos 3 millones no solicitaron la ciudadanía. Solo aceptaron el estatus legal para seguir trabajando, pero no buscaron naturalizarse. Muy pocos saben esto. ¿Por qué? Como siempre lo he dicho: los hispanos no necesariamente quieren ser "gringos". Solo quieren una vida digna en la tierra prometida. Y eso sigue siendo cierto hoy).

La idea de Reagan parecía sensata: arreglar el problema, evitar que se repita, y seguir adelante.

En ese momento, demócratas y republicanos lo consideraron un acuerdo justo. Reagan aprobó la ley con apoyo bipartidista. Millones de inmigrantes ilegales obtuvieron estatus legal, un camino hacia la ciudadanía y la oportunidad de vivir abiertamente en Estados Unidos.

Pero la segunda parte del trato, la aplicación de la ley, nunca llegó. Las sanciones a empleadores se ignoraron. La seguridad fronteriza quedó sin fondos. La frontera misma se mantuvo porosa y débil. No puedo enfatizarlo lo suficiente: este fracaso en aplicar la seguridad fronteriza es el núcleo del problema.

El resultado era predecible. Más migrantes siguieron llegando, primero a cuentagotas y luego en oleadas. ¿Quién lo habría imaginado? Todos, por supuesto.

Muchos en Washington, especialmente republicanos, llegaron a ver el acuerdo de Reagan como un grave error. Empeoró el problema, no lo resolvió. El fracaso en asegurar la frontera fue una oportunidad histórica perdida. Lo que antes se celebraba como reforma pronto se conoció, con desprecio, como "la amnistía de Reagan". Para que conste, Reagan sigue siendo venerado en el Partido Republicano, pero realmente se equivocó en inmigración.

(Y desde entonces, "amnistía" se volvió el "coco" de los cuentos infantiles, pero ya hablaremos de eso).

Las consecuencias han durado mucho más de lo que Reagan pudo imaginar. Hasta hoy, los miembros del Congreso se estremecen ante cualquier propuesta que sugiera legalización a gran escala. Mis colegas republicanos en la Cámara lo dicen sin rodeos: "Reagan regaló la ciudadanía, y no recibimos nada a cambio". Para ellos, esa lección quedó grabada en la historia. Temen volver a recorrer ese camino.

No están equivocados al sentirse traicionados. Pero la rotunda negativa a retomar el tema se ha vuelto miope y peligrosa.

Cuando la promesa de Reagan de hacer cumplir la ley se derrumbó, el sistema cayó aún más en la disfunción. Luego vino la administración Clinton, que aplicó políticas fronterizas que, sin querer, empeoraron las cosas. Durante años, los inmigrantes cruzaban la frontera según los ciclos económicos, venían a trabajar y luego regresaban a casa. Mucho del trabajo era estacional, y no había controles reales en la frontera.

En 1994, Clinton lanzó la "Operación Guardián" para frenar el tráfico fronterizo. De repente, cruzar la frontera se volvió más arriesgado, y aumentó la posibilidad de no poder regresar si salías. Irónicamente, en lugar de disuadir a los migrantes, empujó a muchos a quedarse permanentemente. En otras palabras, las familias comenzaron a separarse, divididas por la frontera.

A principios de los 2000, la inmigración ilegal se convirtió en una crisis total. El presidente George W. Bush intentó reiniciar la conversación nacional. Pero los ataques del 11 de septiembre de 2001 cambiaron el enfoque hacia la seguridad nacional, y la reforma migratoria quedó engavetada.

En su segundo mandato, Bush lo intentó de nuevo. Negoció con el presidente mexicano Vicente Fox algo llamado "La Enchilada Completa". En un momento, los republicanos del Congreso impulsaron una ley que habría criminalizado simplemente estar en EE. UU. sin estatus legal. La reacción fue inmediata y feroz. En respuesta, se propuso otra ley que incluía una vía hacia la legalización. Esa ley pasó en el Senado, pero murió en la Cámara.

Otra oportunidad de reforma, perdida.

A mediados de los 2000, el veredicto sobre la reforma migratoria era sombrío. Quemados una vez por Reagan, otra por Bush, la derecha política se rindió. La reforma migratoria se volvió un tema intocable.

En 2013, hubo un último intento en el Congreso: la *Ley de Seguridad Fronteriza, Oportunidad Económica y Modernización Migratoria*, conocida como la ley del "Grupo de los Ocho", por sus patrocinadores. Cuatro republicanos y cuatro demócratas se unieron, una coalición improbable en tiempos de polarización, y trataron de construir lo que parecía, en papel, un gran acuerdo. La ley incluía medidas más estrictas de seguridad fronteriza, un sistema obligatorio de verificación laboral (E-Verify), y una vía de trece años hacia la ciudadanía para inmigrantes indocumentados. Era rigurosa, estructurada, y diseñada para calmar el temor de que la obtención de ciudadanía fuera inmediata.

Fue redactada por figuras importantes de ambos partidos: John McCain, Marco Rubio, Lindsey Graham, Jeff Flake, Chuck Schumer, Bob Menéndez, Dick Durbin y Michael Bennet. La ley fue aprobada en el Senado con 68 votos, aplastante por los estándares modernos. Casi el 70% de los senadores, incluidos varios republicanos, la respaldaron. Y el presidente Obama le dio su apoyo total. Por un breve momento, lo imposible pareció posible.

Pero entonces ocurrió algo que cambiaría el rumbo de la política migratoria en Estados Unidos durante la siguiente década. Eric Cantor, líder de la mayoría en la Cámara de Representantes, y el segundo republicano más poderoso en el Congreso en ese momento, perdió su elección primaria. Perdió frente a Dave Brat, un profesor de economía que basó casi toda su campaña en un mensaje "antiamnistía".

En Washington, quienes estaban atentos ofrecieron una interpretación: Cantor no pasaba suficiente tiempo en su distrito. Había dejado de atender a la gente que lo eligió. Estaba recaudando fondos para otros, escalando posiciones en el liderazgo, desconectado de su base, la misma historia que ha acabado con muchas carreras políticas. Pero apenas se asentó el polvo, surgió otra narrativa. Cantor había hablado abiertamente sobre reforma migratoria. Estaba considerando llevar el proyecto del Senado al pleno de la Cámara. Así que cuando perdió, los grupos antiinmigración saltaron. Señalaron a Cantor y declararon: "Perdió por culpa de la inmigración".

No era cierto. Pero la historia se impuso. Como decimos en televisión: la percepción es realidad. Se convirtió en sabiduría convencional. Y de pronto, Cantor ya no era solo otro líder de la mayoría caído. Era una señal de advertencia, una historia ejemplarizante, "un canario en la mina", o alerta, para cualquier republicano que pensara en arriesgarse con la inmigración.

La Cámara de Representantes ni siquiera consideró el proyecto del Grupo de los Ocho. El liderazgo no iba a arriesgarse. Consultores susurraban en reuniones privadas. Activistas encendían las alarmas. "No toques la inmigración", decían. "Ni te acerques. ¿Quieres ser el próximo Eric Cantor?" Incluso veteranos de la política migratoria, personas que habían dedicado sus carreras a buscar soluciones, comenzaron a aconsejar en silencio a los nuevos miembros: "No pierdas tu tiempo. No malgastes tu capital político. La reforma migratoria es donde las buenas intenciones van a morir".

Y así, los incentivos se volvieron casi completamente negativos. ¿Para qué luchar por una solución si solo te traerá problemas? ¿Para qué comprometer tu nombre si eso puede costarte una primaria, una campaña de desprestigio, o algo peor? Mejor quedarse callado, mantenerse seguro, conservar el cargo. Quienes se atrevieron, acabaron quemados, repitiendo la misma frase: "Lo intenté. Me destrozaron. No vale la pena. Es demasiado difícil".

Así están las cosas hoy.

DEMÓCRATAS: PROMETER MUCHO Y CUMPLIR POCO

No son solo los republicanos quienes han fallado en encontrar una solución viable. En política, siempre hay dos caras de la moneda.

Durante años, los demócratas han tratado la inmigración como una herramienta política, una forma de generar indignación, movilizar a su base y ganar votos, pero no como un tema que realmente quieran resolver. Mientras los republicanos han evitado el debate y se han alejado de la reforma migratoria desde Reagan y Bush, los demócratas han prometido constantemente a la comunidad hispana un mensaje demasiado bueno para ser verdad: "Voten por nosotros, y cuando lleguemos al poder, aprobaremos una gran reforma migratoria, incluyendo una vía fácil hacia la ciudadanía".

Han fallado una y otra vez.

Han tenido muchas oportunidades. Entre 2020 y 2022, los demócratas controlaban la Cámara, el Senado y la Casa Blanca, una tríada perfecta. La presidenta Nancy Pelosi, una de las figuras más poderosas de la política moderna, impulsó enormes paquetes de infraestructura, ayuda por COVID, legislación sobre armas y reformas ambientales. Sabía cómo aprobar leyes importantes cuando quería. Sin embargo, incluso con el mazo en la mano, nunca llevó la reforma migratoria a votación, ni siquiera la *Ley de Ciudadanía de EE. UU.* respaldada por Biden.

¿Por qué? Porque, políticamente, muchos demócratas creen que es más útil mantener el problema vivo que resolverlo. Ha sido así durante años. Siempre promesas. Nunca acción.

Lo recuerdo claramente. En 2008, como periodista, estaba en la sala cuando el presidente Barack Obama miró a los ojos a Jorge Ramos de Univisión durante una entrevista televisada y prometió una reforma migratoria integral. Como presentadora de una cadena en español, nunca lo olvidaré. "No puedo garantizar que será en los primeros 100 días," dijo Obama. "Pero lo que sí puedo garantizar es que en el primer año tendremos un proyecto de ley migratoria que apoyaré firmemente y que promoveré. Y quiero avanzar en eso lo más rápido posible".

Entre las comunidades hispanas, se conoció como la Promesa de Obama.

Con una supermayoría —sesenta votos en el Senado y control de la Cámara de Representantes— parecía que Obama finalmente sería el demócrata que cumpliría. Las reglas del Congreso garantizan que cualquier intento serio de reforma migratoria debe ser bipartidista. En el Senado, ni siquiera se puede iniciar el debate sin el respaldo de sesenta senadores. Pero con sesenta senadores demócratas, Obama tenía una oportunidad rara. Nada se interponía en su camino.

Sin embargo, cuando llegó el momento, decidió gastar todo su capital político en la Ley de Cuidado de Salud Asequible. Obamacare fue aprobado. Pero esto le costó a los demócratas la Cámara de Representantes, y con ello, su tríada. La reforma migratoria se marchitó. Una vez más, la decisión se pospuso.

Así que, a pesar de sus promesas y de una supermayoría única en la vida, el presidente Obama, el vicepresidente Biden y el Partido Demócrata eligieron otras prioridades. En las elecciones legislativas de 2010, la ola del Tea Party llevó a los republicanos a la Cámara, dándoles una mayoría histórica en 2011 para frenar la agenda legislativa de Obama durante el resto de su presidencia. El Senado seguía siendo demócrata, pero con menos de sesenta votos. La Cámara de Representantes era republicana. Y el Congreso se paralizó.

Ahora bien, algunos señalarán el proceso de reconciliación presupuestaria, la única laguna jurídica de la regla de los sesenta votos en el Senado. La reconciliación permite que ciertos proyectos de ley relacionados con el presupuesto se aprueben con solo cincuenta votos. Los republicanos la utilizaron en 2017 y de nuevo en 2025 para recortar impuestos. Los demócratas la utilizaron bajo el mandato de Biden para las ayudas por el COVID y un proyecto de ley sobre energía verde. Pero la reconciliación tiene límites estrictos. El parlamentario del Senado, el guardián imparcial de las reglas, ya ha dictaminado que la legalización de los inmigrantes no cumple los requisitos. En otras palabras, la reforma migratoria no se puede llevar a cabo mediante la reconciliación. Hay que hacerlo a la antigua usanza. No hay vía rápida. No hay atajos partidistas. Sin sesenta votos de un partido en el Senado, se necesita el bipartidismo. Y punto.

Ante un Congreso dividido, Obama recurrió a la acción ejecutiva unilateral. En 2012, creó DACA, la Acción Diferida para los Llegados en la Infancia. Su objetivo era proteger de la deportación a ciertos inmigrantes indocumentados traídos al país siendo niños, los llamados Dreamers. Los republicanos lo calificaron de ilegal. Argumentaron que la política migratoria no podía dictarse por orden ejecutiva, y que el presidente no tenía autoridad para hacer cambios tan amplios sin el Congreso. Obama lo llamó una medida temporal, un puente hasta que los legisladores ofrecieran una solución permanente. Pero más de una década después, sigue vigente. Se renueva cada dos años, pero está cerrada a nuevos solicitantes. En su punto máximo, más de 700 mil Dreamers estaban inscritos. Hoy quedan cerca de 500 mil, ya que muchos se fueron, cambiaron de estatus o quedaron fuera del sistema. No sabemos cuántos eran elegibles y nunca aplicaron.

Aún hoy, la incertidumbre pesa sobre cada Dreamer. Los tribunales siguen debatiendo su legalidad. Estados como Texas siguen presentando demandas para desmantelarlo. El presidente podría revocarlo con solo firmar. Cada dos años, las renovaciones llegan con temor. Es una existencia frágil. Una vida vivida con tiempo prestado.

Aquí está la amarga ironía. Antes y después de DACA, la administración Obama deportó más personas por año que cualquier otro presidente en la historia reciente. Más que Bush, más que Biden, más que el presidente Trump. Ganó un apodo que dolió profundamente en las comunidades inmigrantes: el "Deportador en Jefe". Los dueños de negocios lo sintieron cuando sus lugares de trabajo fueron allanados. Las familias lo sintieron cuando sus padres, madres e hijos fueron separados.

Este fue el historial demócrata: promesas hechas, promesas rotas, y vidas dejadas en el limbo. Y los medios tradicionales, en silencio. ¿Por qué? Porque hablamos del propio "Deportador en Jefe", el presidente Obama. Nunca fue acusado, nunca se le pidió cuentas públicamente, pero aquí es donde los demócratas comenzaron a perder la confianza de los hispanos.

TRUMP CAMBIA LAS REGLAS DEL JUEGO

Donald Trump entra en escena: un magnate de la construcción de Nueva York que quiere ser presidente. De hecho, lo dinamita todo. Tomó el tema político tabú de la inmigración y lo esgrimió como una espada. Hizo lo que ningún republicano antes que él se había atrevido a hacer: convirtió la inmigración en el eje central de su campaña, en un tema emblemático de su política.

En 2014, los republicanos recuperaron el Senado. En 2016, el presidente Trump irrumpió en la Casa Blanca prometiendo "construir el muro", prohibir viajes desde países que consideraba peligrosos, y anteponer a Estados Unidos deteniendo lo que él describía como una avalancha descontrolada de inmigración ilegal. Sus palabras fueron tajantes, pero resonaron profundamente entre millones de votantes que se sentían abandonados, ignorados, dejados atrás.

Al final del segundo mandato de Obama, los estadounidenses ya estaban inquietos, preguntándose: "Somos el país más poderoso del mundo. ¿Por qué no podemos asegurar nuestra frontera? ¿Por qué nuestro sistema migratorio sigue roto? ¿Por qué hay tantos ilegales aquí? ¿No podemos hacer algo al respecto?" Las preguntas estaban ahí, flotando en reuniones vecinales y mesas de cocina.

Pero hasta Trump, ningún líder nacional las había tomado y lanzado al centro del escenario político.

Trump lo hizo. Y cuando lo hizo, la inmigración pasó de ser un problema olvidado a convertirse en el tema más candente de la política estadounidense. Pero recordemos: la inmigración no es solo seguridad fronteriza. Lo repito: la inmigración no se trata solo de la frontera.

Su mensaje fue claro y cortante: "Tenemos un problema. Hay inmigrantes ilegales cometiendo crímenes. La frontera es un colador. Hay que asegurarla". Ese mensaje caló. Se difundió. Y combinado con la creciente percepción, especialmente entre la clase trabajadora blanca, de que el país se estaba viendo desbordado, que su tejido cultural y económico se estaba resquebrajando, transformó la postura del Partido Republicano. La inmigración ya no era un tema que se evitaba. Era el tema sobre el que se hacía campaña. Pero insisto: la seguridad fronteriza es solo un aspecto de la inmigración.

Trump lo redefinió como una prueba de fuego. Y de repente, las líneas de la política republicana se endurecieron: podías hablar de inmigración, pero solo si lo hacías al estilo Trump. Con mano dura. Sin concesiones. Sin legalización. Solo muros y aplicación de la ley.

MARÍA LLEGA A WASHINGTON

"Voy a Washington para arreglar la inmigración," le dije a mi círculo cercano en diciembre de 2020, recién salida de mi primera victoria en el Congreso.

La inmigración no era solo otro tema para mí, era *el* tema. Tenía una posición única, conocimiento profundo, y estaba dispuesta a decir verdades que otros evitaban. Lo que aún no sabía era cuán difícil sería la lucha.

Estábamos reunidos en el Capitol Hill Hotel, alrededor de una mesa rayada, trazando los planes para mi primer mandato. Casi se podía sentir cómo el oxígeno abandonaba la habitación tan pronto como las palabras salieron de mis labios.

"¡¡Qué!?" soltó uno.

"¿Por qué harías eso?" preguntó otro, negando con la cabeza.

Su consejo fue rápido y unánime: la reforma migratoria era tóxica. Era el cementerio de carreras políticas. La gente lo había intentado durante treinta y cinco años y había fracasado.

"Recuerda a Eric Cantor," dijeron. "Recuerda al Grupo de los Ocho en 2013. La inmigración es una trampa. Todos los que la tocan acaban quemados".

"Eso es lo que voy a hacer," les respondí de todos modos.

Unas semanas antes, el 5 de noviembre de 2020, había logrado una de las sorpresas políticas más impactantes del país.

Contra todas las predicciones, desafiando las encuestas y a los expertos, gané el distrito 27 de Florida. Derroté a Donna Shalala, la miembro más veterana del gabinete de Clinton. Había sido presidenta de la Fundación Clinton y amiga personal de Bill, Hillary y Nancy Pelosi. Shalala me había vencido en 2018 cuando el distrito 27 estuvo disponible. Era una congresista poderosa, con buena financiación, en un distrito que Joe Biden había ganado por más de tres puntos. (Pensándolo bien, fue realmente un milagro). Sin ayuda financiera del Partido Republicano —yo misma hice la recaudación— derroté a Shalala por 2.8 puntos. No fue solo una victoria, fue un terremoto político. *Politico* lo calificó como la mayor sorpresa del año. (Gracias a Dios, pero cuidado con lo que deseas).

"Acabas de ganar la carrera más difícil que he visto en mi vida," me dijo uno de mis asesores. "¿Y ahora quieres arriesgarlo todo con la inmigración? Tienes un futuro brillante en el Partido Republicano. ¿Por qué querrías arruinarlo?"

Yo conocía mi misión. Era la inmigración.

Las advertencias se volvieron más fuertes. Cada vez que susurraba la palabra "inmigración" a alguien de mi equipo, escuchaba el mismo mensaje: No lo toques. Es radiactivo. El momento es malo. La política está perdida. Cada bando está demasiado atrincherado. Y yo era una congresista novata, sin capital político, sin aliados, sin red de donantes, sin un equipo experimentado que me respaldara. Tenían razón sobre las probabilidades. Pero yo no era una política de carrera. No calculaba en función del miedo.

Este era un problema que exigía una solución, y el Congreso existe para resolver problemas.

Yo conocía la solución. Era hispana. Ese era mi trabajo ahora.

"Si te metes con inmigración, serás congresista de un solo mandato," me dijeron.

"Que así sea," pensé.

Estaba en plena orientación cuando esta conversación ocurría. No sabía cómo ser congresista. Nunca había servido en el gobierno local ni en la legislatura estatal, como la mayoría de los miembros del Congreso. Era mucho que aprender y asimilar. Había toda una revolución ocurriendo en mi cabeza.

Al mismo tiempo, estaba contratando personal. Ahí apareció John Mark. Fue una de las primeras personas que entrevisté. Venía recomendado por mi jefe de gabinete, quien había trabajado con él en temas ambientales cuando John Mark estaba en la EPA. Le pregunté directamente sobre inmigración la primera vez que nos vimos. Su respuesta me marcó para siempre.

"Alguien tiene que enfrentar esto", dijo. "Nadie tiene el valor. Pero si te importa, deberías ser tú. Y yo te ayudaré".

No dudó. No me advirtió que me alejara. Se lanzó a la lucha. Habló de lo que estaba en juego, del impacto humano y de los riesgos para la seguridad nacional de un sistema defectuoso. Me dijo que siempre había sentido pasión por ayudar a la gente, que quería cambiar el mundo para mejor.

Arreglar la inmigración, argumentó, no era solo lo correcto como estadounidenses, como cristianos, o como hispanos en posiciones de liderazgo. Era lo responsable para el futuro del país. Lo contraté en ese mismo momento. Ahora, cinco años después, él es la fuerza impulsora detrás de esta legislación y una de las dos personas más merecedoras de la dedicatoria de este libro.

Desde ese momento, nos pusimos a trabajar. (Y no hemos parado desde entonces). Empezamos a construir el proyecto desde cero. Yo establecí la visión, definí los principios: seguridad fronteriza, reforma del asilo, dignidad para los millones que ya están aquí, y un marco lo suficientemente sólido como para ganar apoyo en el Congreso.

En marzo de 2021, apenas tres meses después de iniciar mi mandato, anuncié mi intención de presentar la *Ley Dignidad.* "Ningún partido político tiene el monopolio de la compasión," dije en la conferencia de prensa. "Los principios de mi plan traerán dignidad a los indocumentados mientras aseguramos nuestra frontera. Tenemos una crisis en la frontera sur. Se están traficando niños. Las familias están en riesgo. Es hora de arreglar nuestro sistema roto de una vez por todas". Recuerden: seguridad fronteriza no es lo mismo que inmigración.

La mayoría apenas parpadeó. Otra novata con una idea llamativa. Otra rueda de prensa destinada a desvanecerse en el ruido de fondo de Washington. Todos lo habían visto antes, grandes promesas que morían en comité, en la oficina del liderazgo, o bajo el implacable foco de las noticias por cable.

Y para hacerlo aún más difícil, tuvimos que redactar el proyecto casi en secreto. La inmigración caía bajo el Comité Judicial de la Cámara, y ni el presidente ni los líderes de subcomité querían saber nada de reforma migratoria en ese momento. Si hubiera acudido a ellos en busca de apoyo, me habrían cerrado el paso de inmediato. No era personal. Simplemente tenían sus propias prioridades, y la mía no era una de ellas.

No me habrían dado personal ni recursos. Más probable aún, habrían enterrado el proyecto antes de que viera la luz.

Normalmente, redactar un proyecto de esta magnitud —250 páginas— requiere equipos de abogados, expertos legislativos y personal de comité para traducir la visión en lenguaje legal preciso. Sin esa infraestructura, solo éramos John Mark y yo. Él no era abogado, pero conocía la política migratoria mejor que nadie que yo hubiera conocido. Se convirtió en mi arquitecto, construyendo el andamiaje de un proyecto de cientos de páginas desde cero, trabajando noches y fines de semana, puliendo el lenguaje, afinando los detalles.

A principios de 2022, tras un año de idas y vueltas, lo logramos: Un paquete de reforma migratoria completamente desarrollado. Ambicioso. Serio. Listo para el Congreso.

En febrero de 2022, presentamos la primera versión de la *Ley Dignidad*. Era oficial.

Estaba registrada. Cada miembro del Congreso la tenía en sus manos. Ya no hablábamos de ideas. Habíamos presentado un plan de acción.

Estaba orgullosa. Habíamos hecho lo que pocos creían posible: producir un plan real, detallado y defendible, para enfrentar de frente la crisis migratoria. Pero también sabía que la presentación era solo el comienzo. Redactar es una cosa. Aprobar es otra. El trabajo duro —construir confianza, crear coaliciones, ganar corazones y romper décadas de resistencia—, apenas comenzaba.

Porque en el Congreso, nada se mueve sin confianza. Y en inmigración, la confianza está rota.

LA RUPTURA DE LA CONFIANZA

El Congreso solo actúa cuando el dolor se vuelve insoportable. E incluso entonces, suele esperar hasta el último momento posible para actuar. Si un sistema funciona a duras penas, Washington siempre encontrará una crisis más llamativa a la que dedicarse.

La inmigración ha sido una de las mayores víctimas de esta disfunción. Y la verdad es simple: la única forma de aprobar legislación seria fuera del proceso de reconciliación presupuestaria es mediante el compromiso. El compromiso requiere confianza. En inmigración, la confianza no existe. Y el miedo es abundante. Miedo. Miedo. Miedo.

Tras el fracaso del acuerdo de Reagan, los republicanos simplemente no creen que los demócratas vayan a cumplir nunca con la seguridad fronteriza una vez que hayan concedido algún tipo de legalización a los que se encuentran aquí ilegalmente. Los demócratas, endurecidos por la postura inflexible del presidente Trump, no creen que los republicanos vayan a conceder nunca permiso a los inmigrantes indocumentados para salir de las sombras, ni siquiera aunque la frontera sea infranqueable. El resultado es la parálisis.

Pero aquí está el hecho: La seguridad fronteriza no es inmigración. La inmigración no es seguridad fronteriza. Están vinculadas, pero no son lo mismo.

El presidente Trump demostró que se puede asegurar la frontera. Lo hizo en sus primeros 100 días. El caos en la frontera terminó. La frontera sur fue cerrada. Las caravanas se detuvieron. La crisis en los accesos fue contenida. La frontera estaba en paz.

Además, el 4 de julio de 2025, firmó la *Gran y Hermosa Ley*, un paquete de recortes fiscales para familias trabajadoras que también destinó 150 mil millones de dólares a la seguridad fronteriza y al control migratorio.

La *Gran y Hermosa Ley* del presidente Trump nos dio la primera oportunidad real en años para abordar este tema. Ha pasado suficiente tiempo desde el último colapso de una reforma migratoria. Los republicanos finalmente obtuvieron la inversión en seguridad que querían. Y ahora la conversación está cambiando. La inmigración ha vuelto a estar en el centro de la agenda. Domina las noticias. Llena las ondas. Alimenta discusiones en las mesas familiares.

Ahora la pregunta no es sobre la frontera. Es sobre las personas que ya están aquí. Es sobre la fuerza laboral. Es sobre la economía estadounidense y el futuro del país.

Aun así, la realidad estructural permanece. A menos que un partido logre ganar sesenta escaños en el Senado —algo casi imposible en una nación dividida—, la reforma migratoria debe ser bipartidista. Eso significa que ambos lados tendrán que sentarse, tragarse el orgullo y llegar a un acuerdo. No hay otro camino.

Sí, la frontera está tranquila, pero las redadas de ICE y las deportaciones masivas están generando nuevos problemas. Los empleadores están dando la voz de alarma. Los estadounidenses están viendo cómo sus comunidades se fracturan. Las familias inmigrantes viven bajo una amenaza constante. La inmigración, de una forma u otra, sigue siendo noticia de primera plana cada día.

Y lo que está haciendo ahora la administración es subir la temperatura de la olla a presión.

El país está al límite. Muchos están exigiendo una solución razonable.

Si no resolvemos esta crisis pronto, los costos humanos, económicos y políticos serán devastadores. La reforma migratoria, durante mucho tiempo descartada como un lujo, ya no es un "deseo". Es una necesidad nacional.

Capítulo 4

Dignidad, una nueva propuesta de reforma migratoria

- *Dignidad* es una solución bipartidista; la única propuesta migratoria con apoyo de ambos partidos.
- La *Ley Dignidad* asegura permanentemente la frontera y detiene la inmigración ilegal, mientras permite que los inmigrantes con años en el país y que contribuyen salgan de las sombras.
- *Dignidad* exige restitución, responsabilidad y participación legal, pero no ofrece una vía hacia la ciudadanía.
- Los participantes deben pagar $7,000 en siete años, más un impuesto adicional del 1% de su sueldo.
- *Dignidad* hace obligatorio el sistema E-Verify.
- Solo aplica a inmigrantes que hayan estado en EE. UU. cinco años o más (antes de 2021), y deben pasar una verificación de antecedentes rigurosa.
- No pueden recibir beneficios federales y deben pagar su propio seguro médico.

- *Dignidad* es firme, justa y definitiva, una solución única que rompe el ciclo. Puedes volver a casa por Navidad. No serás deportado.

UN CAMINO BIPARTIDISTA

Hoy en día, en Washington, la palabra "compromiso" se ha convertido en un insulto.

Se considera casi como una traición: encontrar un término medio significa rendirse. Nuestra política refleja una nación profundamente dividida. Las elecciones presidenciales se deciden por unos pocos miles de votos en un puñado de estados indecisos. Todo el mundo tiene una opinión firme sobre todo: cada bando está convencido de que tiene razón, mientras que el otro está peligrosamente equivocado.

La inmigración no es la excepción. Es uno de los temas más divisivos, emocionales y obstinados en nuestra conversación nacional. Y por eso mismo, es uno de los más difíciles de resolver.

No hay un argumento mágico. Ninguna perspectiva tiene toda la verdad. Cualquier intento honesto de solución requiere reconocer que la inmigración se vive de forma distinta en cada rincón del país.

En el Congreso hay 435 distritos, cada uno con unos 750.000 habitantes, y cada representante ve el problema a través de los ojos de su comunidad. Un distrito agrícola lo ve desde el prisma del trabajo en el campo. Un distrito fronterizo lo ve desde la seguridad. Un distrito urbano lo ve desde el impacto humano— el vecino, el compañero de trabajo, el amigo que vive en las sombras.

Cada visión es válida en su contexto. Pero cada visión está incompleta. Es natural que la gente se enfoque en lo que más le afecta. Si te preocupa la violencia de los carteles en la frontera, no estás pensando en los campos de bayas en California. Si te preocupa quién cosecha esas bayas, no estás pensando en cómo la política de asilo afecta a Texas.

Para resolver la inmigración, hay que ver el panorama completo. Es como una cadena de dominó, empujas una pieza, y cae media docena más.

Por eso el bipartidismo no es un lujo; es una necesidad. No se puede aprobar una reforma migratoria con un solo partido o una sola región imponiendo su visión al resto del país. Hay que guiar a la gente por el problema, mostrarles dónde fallaron los intentos anteriores, señalar los puntos en común, y explicar cómo encaja cada pieza.

Cualquier reforma seria debe funcionar en un pueblo fronterizo, en una comunidad agrícola, en un centro tecnológico y en una fábrica. Debe hablarle tanto a republicanos como a demócratas. Y por eso, cuando se trata de inmigración, la verdadera pregunta no es "¿quién tiene razón?", sino "¿qué acierta cada lado, y cómo construimos a partir de ahí?"

LA LEY DIGNIDAD

El mundo ha cambiado drásticamente en los cinco años desde que fui elegida al Congreso en 2020, y en los tres años desde que presentamos por primera vez la *Ley Dignidad*. Una pandemia global que trastocó vidas y economías. La presidencia de Biden, con su caos en la frontera. Guerras en Ucrania y Medio Oriente. Y luego el extraordinario regreso y reelección de Donald Trump, que volvió a transformar la política estadounidense.

Mientras tanto, la crisis migratoria no se ha detenido. Se ha vuelto más urgente, más apremiante, más imposible de ignorar.

La *Ley Dignidad* también ha evolucionado. La versión que presentamos en julio de 2025 no es la misma que propuse en mi primer mandato. Refleja cientos de conversaciones con alguaciles fronterizos, alcaldes, agricultores, empresarios, líderes sindicales, independientes, demócratas, republicanos y, lo más importante, inmigrantes. He escuchado. He debatido. He buscado acuerdos donde parecía imposible encontrarlos.

La *Ley Dignidad de 2025* es el producto de esos desacuerdos, de esos debates, de esas decisiones difíciles. Es una solución cuidadosamente diseñada para responder a las circunstancias actuales. Y aunque no puede ser perfecta para todos, es el camino más práctico, más duradero y más estadounidense que hemos visto en cuarenta años.

En el centro de esta visión hay una pregunta que nadie ha tenido el valor de responder con honestidad: ¿Qué hacemos con los millones de inmigrantes indocumentados que han vivido en este país durante cinco, diez, incluso veinte años? No son los que entraron por la frontera abierta de Biden. No son las pandillas como el Tren de Aragua ni las caravanas recién llegadas. Son los residentes que por años han trabajado, criado familias, pagado impuestos y vivido en silencio entre nosotros, pero que siguen atrapados en las sombras de la ilegalidad.

Yo los llamo "los contribuyentes". Creo que ellos son la clave para resolver esta crisis de una vez por todas.

Dignidad no está diseñada para premiar a los inmigrantes indocumentados. Su propósito es hacer lo que es mejor para los estadounidenses. Y al hacerlo, mejora la vida de quienes viven en las sombras como consecuencia. El objetivo es estabilizar industrias, bajar los costos para los consumidores, asegurar la frontera para siempre, y permitir que las fuerzas del orden se enfoquen en los criminales, no en los trabajadores. En resumen, se trata de restaurar el orden, la justicia y la fortaleza del sistema migratorio de una forma que beneficie a todos los estadounidenses.

Esta es la conclusión: la *Ley Dignidad* ofrece una solución razonable y definitiva a la crisis migratoria de Estados Unidos. Pone fin de una vez por todas a la inmigración ilegal en Estados Unidos, restablece la ley y el orden, ofrece una solución práctica para los indocumentados de larga duración, revitaliza la fuerza laboral estadounidense y restaura la economía del país. En otras palabras, hace que Estados Unidos sea mejor.

Puntos clave de la *Ley Dignidad*

- No ofrece vía hacia la ciudadanía.
- Asegura la frontera sur.
- Hace obligatorio el sistema E-Verify.
- Reforma el sistema de asilo (elimina "captura y liberación").
- Protege a los Dreamers.
- Impone penas más severas a traficantes sexuales de menores.
- Genera $50 mil millones en ingresos para reducir la deuda nacional.
- Invierte $70 mil millones en capacitación laboral y programas de aprendizaje para trabajadores estadounidenses.
- Crea campus humanitarios para procesar rápidamente solicitudes de asilo.
- Crea un nuevo estatus de "Dignidad" —no es una tarjeta de residencia tradicional—para contribuyentes que llevan más de cinco años en el país.
- Fortalece la economía estadounidense mejorando el sistema de inmigración legal.
- Garantiza la competitividad de EE. UU. a nivel global.

La *Ley Dignidad* comienza donde toda reforma real debe comenzar: con la seguridad fronteriza. El proyecto de ley establece medidas de aplicación sólidas y permanentes que ningún futuro presidente podrá revocar. En otras palabras, la seguridad fronteriza queda ahora fijada por el Congreso, y no podrá ser modificada por capricho de ninguna administración futura.

Asegurar la frontera

La ley instala barreras físicas reforzadas donde sean necesarias, despliega tecnología de vigilancia avanzada y proporciona el personal necesario para monitorear todo y cerrar por completo los cruces ilegales.

Una solución verdadera consta de múltiples capas, y debe ir más allá de la seguridad fronteriza tradicional. La frontera es solo la primera línea de defensa. La *Ley Dignidad* aumenta las penas por cruces ilegales e impone los castigos más duros en la historia de EE. UU. para los traficantes sexuales de menores. Incluso introduce pruebas de ADN para evitar reclamaciones familiares fraudulentas. En conjunto, estas disposiciones hacen lo que ningún otro proyecto de ley migratorio ha logrado: garantizar que la inmigración ilegal no vuelva a ocurrir.

Reparar el sistema de asilo

¿Has oído hablar de "captura y liberación"? La ley lo elimina. Según la legislación actual, los migrantes pueden cruzar la frontera, solicitar asilo y ser liberados en el país mientras esperan una audiencia, que a veces tarda años. Esta política ha sido un imán para el abuso.

La *Ley Dignidad* la termina. Ningún solicitante de asilo será liberado en EE. UU. hasta que se decida su caso. Para hacerlo posible, el proyecto establece al menos tres nuevos campus humanitarios cerca de la frontera, donde los casos de asilo se procesan en un plazo de sesenta días. No pueden salir del campus hasta que se determine su situación. Los campus humanitarios son un concepto nuevo que creamos, un compromiso bipartidista para decisiones rápidas de asilo.

Esto preserva el debido proceso y restaura el orden. No más manipulación del sistema.

No más esperas interminables. No más ingresos sin control. Esperas con tu familia hasta que las autoridades estadounidenses te digan si eres bienvenido o si debes regresar a casa. Lo mejor: solo toma dos meses.

Es Dignidad, no Amnistía

La verdadera revolución de la *Ley Dignidad* es el programa *Dignidad* en sí.

Es *Dignidad*, no amnistía. Sin vía hacia la ciudadanía. Nunca.

Para ser claros: esto no es amnistía. (Sea lo que sea que signifique "amnistía", ya que cada quien tiene su propia definición.) No hay trucos, no hay ciudadanía. Nadie se convierte en "gringo".

El programa *Dignidad* crea una oportunidad ganada para permanecer en el país. No ofrece ciudadanía estadounidense. Solo aplica a inmigrantes indocumentados que hayan vivido en EE. UU. durante cinco años o más.

No aplica a quienes llegaron bajo las caravanas de Biden. No podemos ni vamos a corregir los errores de esa administración. Pero quienes han vivido aquí desde antes de que Biden llegara a la Casa Blanca, quienes han construido vidas, trabajado, criado familias, no deben ser castigados por la nueva ola de inmigrantes que desbordó el sistema.

Para calificar, los solicitantes deben pasar una verificación de antecedentes penales rigurosa. Deben demostrar que han vivido aquí más de cinco años. Deben mostrar un historial de trabajo y productividad. En otras palabras, deben probar que son miembros seguros, estables y contribuyentes de la sociedad.

Algunos dicen que soy cruel. Pero debemos trazar una línea. Una línea firme. Hay una diferencia enorme entre la oleada de cruces ilegales que ocurrió bajo las políticas de frontera abierta de

Joe Biden y los millones de inmigrantes indocumentados que han estado aquí durante años, incluso décadas.

El programa *Dignidad* deja esa distinción absolutamente clara.

Un acuerdo único

Sí, es una oportunidad única, disponible solo para quienes ya estaban en EE. UU. antes del 31 de diciembre de 2020. Sin excusas, sin vacíos legales. Únete ahora o pierde tu oportunidad.

Para estos residentes indocumentados de cinco años o más — los "contribuyentes"— el programa ofrece algo nuevo: la posibilidad de salir de las sombras, trabajar abiertamente, comprar una casa, abrir una cuenta bancaria, tener una tarjeta de crédito, pagar impuestos, y poder volver a casa por Navidad o para enterrar a una madre.

Las multas: Cada participante deberá pagar $7,000 en concepto de restitución, distribuidos en siete años.

Las condiciones son estrictas. Los solicitantes deben cumplir con todas las leyes estatales y federales. Deben comenzar a pagar todos los impuestos, tanto federales como estatales, según su categoría fiscal, desde el momento en que se inscriben en el programa.

El salario: además, deberán pagar un impuesto adicional del 1% de cada sueldo.

Sin beneficios federales: los participantes del programa *Dignidad* no recibirán ningún tipo de ayuda federal. Sin beneficios. Sin atajos. Deben contratar su propio seguro médico, para no representar una carga para el sistema de salud. (La Ley de Tratamiento Médico de Emergencia y Trabajo de 1986 — EMTALA— obliga a los hospitales a atender a cualquier persona, sin importar su capacidad de pago o estatus legal. Los costos son enormes. En 2024, por ejemplo, Florida gastó $660 millones en atención médica para inmigrantes ilegales, incluyendo casi 70 mil visitas a urgencias).

Contrario a lo que dicen los detractores, en lugar de quitarle al contribuyente estadounidense, se convertirán en contribuyentes netos, tanto al sistema fiscal como a la economía nacional.

El programa *Dignidad* dura siete años. Durante ese tiempo, los participantes deben presentarse regularmente ante el Departamento de Seguridad Nacional (DHS) y mantener buena conducta pública. Si cumplen todos los requisitos y pagan todas las multas al cabo de los siete años, completan el programa.

Después de eso, pueden recibir el "estatus Dignidad", que les permite permanecer en el país y seguir trabajando por siete años más. Este estatus puede renovarse indefinidamente.

No otorga ciudadanía ni beneficios, pero permite quedarse y trabajar mientras mantengan buena conducta y no cometan delitos. De lo contrario, su estatus se revoca y serán deportados.

Un gran fondo para la economía estadounidense . . .
Para cualquier trabajador estadounidense que sienta que un inmigrante le ha quitado su empleo o una oportunidad, buenas noticias: se le ofrecerá la posibilidad de aprender una nueva habilidad o dedicarse a otra actividad. Cuanto más aprendes, más puedes ganar.

Los pagos de restitución de $7,000, reunidos en conjunto, crearán un fondo de $70 mil millones dedicado a la capacitación y mejora de habilidades de los trabajadores estadounidenses, asegurando que nuestros ciudadanos estén preparados para los empleos más competitivos del futuro. Este dinero se distribuirá a los estados para invertir en las carreras más demandadas.

Dignidad permite a los trabajadores estadounidenses acceder a nuevos fondos, pagados por inmigrantes, y ampliar sus opciones laborales.

Se estima que los $7,000 por participante generarán $70 mil millones directamente para los trabajadores estadounidenses. Será la mayor inversión en la fuerza laboral estadounidense en la historia moderna. Estos fondos financiarán programas de aprendizaje, capacitación laboral y nuevas rutas educativas. Por cada inmigrante indocumentado que participe en el programa *Dignidad*, al menos un trabajador estadounidense podrá ser capacitado o recualificado para un empleo con demanda. No es teoría, está integrado en la estructura del programa.

. . . Sin costo para los contribuyentes

Otro fondo proviene del impuesto del 1% sobre el salario. Ese ingreso cubre la administración del programa y luego se destina directamente a reducir la deuda nacional, con una estimación de $50 mil millones. Los republicanos han exigido disciplina fiscal durante años. Por primera vez, aquí hay un programa que la ofrece sin aumentar los impuestos a los ciudadanos estadounidenses.

El programa *Dignidad* no costará ni un centavo al contribuyente. Todo se financia, no por los ciudadanos, sino por los propios trabajadores indocumentados que buscan permanecer en EE. UU. Eso es justicia. Eso es responsabilidad. Nada parecido se ha propuesto antes en la historia de este país.

Es exigente, pero justo.

¿QUÉ MÁS INCLUYE EL PROYECTO DE LEY?

No quiero aburrirte con los detalles, pero hay algunas disposiciones adicionales que vale la pena mencionar:

- **Comercio y aduanas:** La *Ley Dignidad* mejora los puertos de entrada en la frontera, aumentando el comercio legal. Amplía los carriles de inspección e invierte en tecnología de rayos X para revisar rápidamente vehículos comerciales. Son tan grandes que un camión de dieciocho ruedas puede pasar por ellos, y se puede ver todo lo que hay dentro. Con esto, ya no será posible esconder personas o drogas. Será un cambio radical en la guerra contra el fentanilo. Además, los productos de México y Canadá entrarán más rápido, sin retrasos en la frontera. (Adiós a las demoras en camiones llenos de aguacates, Corona o Modelo.)

- **Vigilantes de carteles y reincidentes**: La ley aumenta severamente las penas para quienes ya han cruzado la frontera. Si lo intentas de nuevo, vas a la cárcel. Tolerancia cero de ahora en adelante.
- **Contra los carteles**: En el lado mexicano de la frontera, los vigilantes de los carteles suelen rastrear los movimientos de la patrulla fronteriza para encontrar el momento y lugar adecuados para cruzar personas o drogas. Antes no podíamos hacer nada. Ahora sí. La ley convierte en delito rastrear a la patrulla fronteriza y permite que el personal estadounidense actúe contra ellos. También convierte en delito destruir sensores en la frontera que detectan cruces ilegales.
- **American Families United**: La ley incluye la *Ley de Familias Unidas*, que permite que las familias de estatus mixto permanezcan juntas. ¿Sabías que más de 2.5 millones de estadounidenses tienen cónyuges indocumentados? Actualmente están en riesgo de separación o deportación. Esta política les permite permanecer juntos, priorizando los intereses de los ciudadanos estadounidenses. La *Ley Dignidad* beneficia a los ciudadanos, promueve la unidad familiar y protege a las familias.

DIGNIDAD ES EL CAMINO CORRECTO

Dos cosas son ciertas sobre Estados Unidos: somos una nación de leyes. Y somos una nación de segundas oportunidades.

Efesios 4:32 dice: "Sed bondadosos unos con otros, compasivos, perdonándoos mutuamente, como Dios os perdonó en Cristo".

Entonces, ¿cómo reconciliamos estas verdades en el debate migratorio? La respuesta comienza con una conversación honesta, entre demócratas y republicanos, entre inmigrantes y ciudadanos, entre indocumentados y autoridades, y sobre todo, entre el pueblo estadounidense.

Los más duros a mi derecha insisten: "Un crimen es un crimen. Ya sea que mataste a alguien o cruzaste la frontera ilegalmente, rompiste la ley. Eres un criminal solo por estar aquí".

Pero ese argumento ignora un hecho crucial: nuestro sistema legal no trata todas las violaciones por igual. Ni debería hacerlo.

Hay una gran diferencia entre conducir a 120 millas por hora en una autopista, y exceder el límite por solo 10 millas. Una te lleva a la cárcel. La otra te conduce a una multa, tal vez una advertencia. El matiz importa.

¿Sabías que cruzar la frontera sin autorización no es, según la ley actual, un delito penal? **Es solo una infracción civil.** Las infracciones civiles se manejan de forma distinta.

No se trata de castigar, sino de resolver disputas. Por eso los casos migratorios se procesan en tribunales civiles —audiencias, deportaciones— y no en juicios penales.

La distinción importa, porque en el programa *Dignidad*, el primer paso no es la negación, sino la confesión. Todo inmigrante indocumentado que quiera obtener el estatus *Dignidad* debe firmar un documento admitiendo la verdad: "Entré ilegalmente a este país". Eso es una admisión de culpa, pero no de criminalidad.

Este es el punto de partida de la responsabilidad civil y legal.

Demasiado a menudo, los estadounidenses hablan sin escucharse en el tema migratorio, armados con distintos hechos, suposiciones y miedos. Pero esto es lo que creo: todos los seres humanos fallamos. Todos somos pecadores, de una forma u otra.

Entonces debemos preguntarnos: ¿Es el "pecado" de venir a Estados Unidos —el deseo de trabajar, de cuidar a la familia, de buscar una vida mejor— tan grave que merece el castigo más duro: la deportación? ¿O podemos ofrecer una segunda oportunidad a quienes han demostrado, año tras año, que no son una carga, sino parte del tejido social y una necesidad en nuestro mercado laboral?

Creo que sí podemos. Creo que debemos hacerlo. No solo porque es compasivo, sino porque es sensato.

Durante cuarenta años, nuestra nación ha tropezado con medias tintas y promesas rotas.

Dignidad está diseñada para ser la solución definitiva. Un acuerdo único. Un pacto entre el pueblo estadounidense y los millones que viven entre nosotros sin papeles. Los términos son claros:

Somos una nación de leyes. Rompiste la ley. Pero también somos una nación de redención. Estamos dispuestos a ofrecerte una oportunidad —solo una—, de dar un paso al frente, confesar y comenzar de nuevo.

Paso uno: admitir tu culpa.

Paso dos: pagar restitución.

Paso tres: quedarte en Estados Unidos.

Paso cuatro: nunca convertirte en ciudadano.

Este es el trato. Dignidad a cambio de responsabilidad. Estatus legal a cambio de restitución. Sal de las sombras, paga tus deudas, y a cambio, gana el derecho a trabajar, pagar impuestos, viajar libremente y vivir sin miedo a la deportación.

La genialidad del plan es que funciona para ambos lados. Los republicanos no pueden llamarlo amnistía ya que requiere un pago real y un sacrificio. Los demócratas, que han prometido estatus legal durante años, finalmente pueden cumplir, pero sin atajos hacia la ciudadanía.

No es perfecto. Nada en Washington lo es. Pero es justo. Es honesto. Y es posible.

El programa *Dignidad* no se trata simplemente de hacer que los inmigrantes indocumentados paguen. Se trata de usar ese dinero para reconstruir Estados Unidos. Cada dólar está contabilizado, y cada dólar se destina al bien público.

Los críticos objetaron de inmediato. Dijeron que era injusto descontar el 1% del sueldo de un lavaplatos que ya vive al día. Pero no están viendo el cuadro completo. Es una cantidad lo suficientemente baja como para que los demócratas la acepten, y lo suficientemente alta en conjunto como para satisfacer a los conservadores fiscales. No es una carga, es un puente. Un puente hacia la justicia. Un puente hacia el orden. Un puente hacia la redención.

Esto siempre fue más que una decisión política. Fue un principio. Estados Unidos es una nación de leyes y una nación de segundas oportunidades. La *Ley Dignidad* fue escrita para honrar ambas cosas.

EL COMPROMISO EN EL CORAZÓN DE DIGNIDAD

Este es el compromiso en el corazón de la *Ley Dignidad*: Los trabajadores indocumentados pueden quedarse y trabajar—pero solo si pagan restitución y aceptan responsabilidad. Los ciudadanos estadounidenses reciben los beneficios de un sistema laboral justo, comunidades más fuertes y miles de millones en nuevos ingresos.

Nadie lo obtiene todo. Nadie sale intacto. Los republicanos no pueden discutir sobre seguridad fronteriza—el presidente Trump ya la entregó. Los demócratas no pueden exigir ciudadanía—sacar a la gente de las sombras sin amnistía es el único camino viable. Los empresarios se adaptarán. Las vidas de los buenos inmigrantes mejorarán. Y el pueblo estadounidense finalmente verá un sistema justo y aplicable.

Todos sacrificamos algo por el bien común. Eso es lo que realmente significa compromiso. Y para cada legislador que apoye

Dignidad, la recompensa es evidente: se convierten en héroes. Héroes para los millones de estadounidenses que exigen orden. Héroes para los millones de inmigrantes que anhelan estabilidad. Héroes para un país desesperado por una solución.

Una triple victoria.

Capítulo 5

Cómo Dignidad te beneficia: más dinero en tu bolsillo

- Legalizar a los trabajadores suma billones a la economía de EE. UU.
- La *Ley Dignidad* recauda $70 mil millones para capacitar a trabajadores estadounidenses.
- Recauda directamente $50 mil millones para reducir la deuda nacional.
- Estabiliza los precios de alimentos, vivienda y cadenas de suministro al proteger la mano de obra esencial.
- Garantiza que los sectores de salud y cuidado continúen atendiendo a los estadounidenses mayores.
- Nuevos contribuyentes aseguran el futuro del Seguro Social y Medicare.
- Más estabilidad en el mercado laboral significa menos inflación y más oportunidades para los trabajadores estadounidenses.

EL PROYECTO ECONÓMICO MÁS IMPORTANTE DEL CONGRESO

Sabemos lo que ocurre sin inmigrantes. En una semana, los estantes de los supermercados quedarían vacíos. La construcción de nuevas viviendas se detendría. Restaurantes, turismo y viajes — pilares de la vida estadounidense— se volverían inalcanzables para las familias de clase media.

Esto no es especulación. Es un hecho. Millones de trabajadores indocumentados sostienen estos sectores, y juntos, la agricultura, la construcción y la hostelería representan aproximadamente el 15% del PIB nacional. Eso es casi una sexta parte de toda la economía, sostenida por personas de las que la mayoría de los políticos solo habla en susurros o en frases vacías.

La inmigración no es solo inmigración. La inmigración es economía. La inmigración lo es todo.

Ya sabemos lo que perderíamos sin inmigrantes. Si no abordamos y estabilizamos esta dependencia de forma integral y sensata, y en cambio abrazamos la fantasía de deportaciones masivas que algunos extremistas prometen, las consecuencias nos golpearán a todos. Deportar a millones de trabajadores de la noche a la mañana no solo perjudicaría a los inmigrantes. Provocaría choques económicos que se propagarían por todos los sectores: aumento del costo de vida, inflación descontrolada, recesión.

Eso es lo que perderíamos sin inmigrantes. Esto es lo que ganamos con *Dignidad*.

El argumento es claro: La *Ley Dignidad* no es solo una buena política migratoria.

Es el proyecto económico más importante del Congreso hoy.

Con el crecimiento que desbloquea esta legislación, podemos empezar a reducir la deuda y restaurar la responsabilidad fiscal, algo que los republicanos han exigido durante años pero no han logrado concretar.

El mecanismo es simple. La *Ley Dignidad* impide que los trabajadores indocumentados con varios años en el país sean deportados y les permite participar plena y legalmente en la fuerza laboral de EE. UU. Eso significa cubrir vacantes urgentes y aprovechar los beneficios económicos de su trabajo mediante impuestos, pagos de restitución y crecimiento de sectores clave.

No se trata solo del presente. Es del futuro. A través de sus reformas legales, la ley también prepara a EE. UU. para el próximo siglo: manufactura avanzada, inteligencia artificial, tecnología financiera y defensa cibernética. Estas industrias definirán la competencia global del futuro. Sin trabajadores —calificados y no calificados— no podemos liderarlas.

(Por cierto, aún no hemos abordado la inmigración legal, pero lo haré más adelante en este libro).

Los críticos seguirán repitiendo lo mismo: "Los inmigrantes quitan empleos. Bajan los salarios. Si los deportamos, a los estadounidenses les irá mejor". Otros dicen que podemos automatizar todo. Construir máquinas para reemplazar a los trabajadores. O sugieren que deportar millones resolverá mágicamente la crisis de vivienda. Creen que la economía absorberá el impacto. Creen que no les afectará personalmente.

Están equivocados.

La verdad es que los inmigrantes llenan vacíos laborales, especialmente en sectores que los nacidos en EE. UU. no pueden o no quieren ocupar. Y no solo trabajan, también gastan.

Compran comida, autos y ropa. Alquilan viviendas, pagan matrículas, abren negocios.

Cada dólar que gastan genera demanda de bienes y servicios, creando más oportunidades para los estadounidenses.

Los inmigrantes hacen crecer el pastel. No lo reducen.

Complementan a los trabajadores estadounidenses en lugar de reemplazarlos, cubriendo vacíos de habilidades que aumentan la productividad general. Crean empleos en lugar de quitarlos. De hecho, los negocios propiedad de inmigrantes contratan más empleados por persona que los negocios de nacidos en EE. UU.

Eso no es robarle a Estados Unidos. Eso es construir Estados Unidos.

¿Qué hay para ti?

La respuesta es: mucho.

1. La Ley Dignidad hará crecer el PIB de EE. UU. en BILLONES

La inmigración no es solo un tema social, es el motor más grande de nuestra economía.

En las últimas dos décadas, ha sido la principal fuente de crecimiento en la fuerza laboral estadounidense. Y a medida que los *baby boomers* se jubilan y la población envejece, los inmigrantes serán aún más esenciales para mantener fuerte la fuerza laboral, hacer crecer la economía y mantener la competitividad global.

La Oficina de Presupuesto del Congreso estima que entre 2024 y 2034, la inmigración agregará $8.9 billones al PIB de EE. UU. No es una ilusión, es una proyección oficial y seria.

Y la *Ley Dignidad* potencia ese crecimiento.

De hecho, El Bipartisan Policy Center, en su informe *Green Light to Growth*, analizó la ley y concluyó que solo uno de sus componentes generará más de $4 billones en crecimiento del PIB en la próxima década, una expansión efectiva del 14% de la economía.

Esto es lo que ocurre cuando se libera el potencial humano.

2. La Ley Dignidad recauda $70 mil millones para capacitar a trabajadores estadounidenses

No es teoría. Es la mayor inversión en la fuerza laboral en la historia moderna de EE. UU. Cada participante del programa *Dignidad* pagará $1,000 por año durante siete años en concepto de restitución. Multiplicado por millones de participantes, se crea un fondo sin precedentes para los trabajadores estadounidenses.

Cada participante financia la capacitación de más de un ciudadano estadounidense.

Aprendizajes. Nuevas habilidades. Educación superior. Formación especializada para preparar a los estadounidenses para los empleos del futuro, ya sea en construcción, soldadura, climatización, educación, seguridad pública, manufactura avanzada, servicios financieros o inteligencia artificial.

Por cada inmigrante que sale de las sombras, un estadounidense tiene la oportunidad de avanzar hacia una carrera mejor remunerada.

3. La Ley Dignidad recauda directamente más de $50 mil millones para reducir la deuda nacional

No se trata solo de crecimiento. Se trata de responsabilidad. Durante décadas, Washington ha acumulado deuda sin un plan serio para reducirla. Hoy, la deuda nacional supera los $37 billones y sigue creciendo. (Se gasta más de lo que se ingresa). La *Ley Dignidad* comienza a revertir esa tendencia.

¿Cómo?: **Con un impuesto del 1%.**

Cada trabajador bajo estatus *Dignidad* paga un impuesto del 1% sobre su ingreso durante siete años. El cálculo es sencillo. En el primer trimestre de 2025, el salario semanal promedio era de $1,194, o unos $62,088 al año. El 1% equivale a $620 anuales, alrededor de $4,340 en siete años.

Multiplicado por millones de trabajadores, se generan unos $50 mil millones en siete años.

Esta disposición crea el primer pago serio y bipartidista para reducir la deuda nacional en décadas.

4. La Ley Dignidad ayuda a salvar el Seguro Social y Medicare
Los economistas han advertido durante años: la escasez de trabajadores no es solo un inconveniente, sino que es una amenaza existencial para el Seguro Social y Medicare.

Si muy pocas personas contribuyen, los programas colapsan.

Una vez que los trabajadores salen de las sombras, el gobierno puede recaudar los miles de millones en impuestos que hoy se pierden. Y aquí está la verdad: el estereotipo de que los inmigrantes indocumentados no pagan impuestos es falso.

Solo en 2022, los inmigrantes indocumentados pagaron unos $96 mil millones en impuestos federales, estatales y locales. Eso incluye $15 mil millones en impuestos sobre ventas y consumo, $10 mil millones en impuestos a la propiedad, y $7 mil millones en impuestos sobre ingresos personales y empresariales. Son dólares reales que mantienen abiertas las escuelas, pavimentan carreteras y financian hospitales.

Y lo más sorprendente: los inmigrantes indocumentados contribuyen a tasas más altas que los nacidos en EE. UU. o incluso que los inmigrantes legales. Contribuyen a programas como el Seguro Social, Medicare y el seguro de desempleo, programas a los que no tienen acceso.

Aportan, y no reciben nada a cambio.

El Instituto Brookings publicó recientemente un estudio que identifica la *Ley Dignidad* como una solución, no solo para la inmigración, sino para la crisis de solvencia de estos programas. Al garantizar que millones de trabajadores que antes trabajaban en la informalidad ahora estén registrados y contribuyendo, se estabiliza el sistema. Y estos trabajadores nunca acceden a esos beneficios. Contribuyentes netos. Sin carga. Una bendición.

Esto no es caridad. Es supervivencia para los programas que millones de adultos mayores necesitan para vivir.

Y no se trata solo de cifras. Se trata de personas. El mismo estudio encontró que la *Ley Dignidad* aborda directamente la escasez crítica de personal en salud, enfermeros, cuidadores, asistentes personales. Son los empleos que mantienen vivos a nuestros padres y abuelos. Y son empleos que ya no tenemos suficientes personas para cubrir. Sin ellos, el sistema colapsa. Con ellos, la dignidad se extiende a cada familia estadounidense.

5. La Ley Dignidad resuelve la escasez de mano de obra y aporta certeza al mercado

En junio de 2025, EE. UU. tenía 7.4 millones de empleos sin cubrir. Las empresas están desesperadas: granjas, fábricas, hospitales, hoteles. La *Ley Dignidad* es la única legislación en el Congreso que puede resolver de inmediato la escasez y preparar la fuerza laboral para el futuro.

Los críticos preguntarán: ¿no bajan los salarios los inmigrantes? La respuesta corta, respaldada por pruebas contundentes, es no.

Un estudio del National Bureau of Economic Research, *Immigration's Effect on U.S. Wages and Employment Redux*, encontró que la inmigración tiene un impacto positivo y significativo en los salarios de los trabajadores nativos con menor educación, entre +1.7% y +2.6% entre 2000 y 2019. Para los trabajadores con educación universitaria, no hubo impacto significativo. En otras palabras, los inmigrantes aumentaron los salarios en la base y no afectaron los salarios en la cima.

El estudio también encontró efectos positivos en el empleo de la mayoría de los trabajadores nativos, incluso entre 2019 y 2022. Sin desplazamiento significativo. Sin pérdida de empleos.

La conclusión es clara: Los inmigrantes no quitan empleos. Los crean. Aumentan los salarios. Fortalecen los mercados.

Eso es lo que significa *Dignidad*, no solo para los inmigrantes, sino para ti.

Y aun así, nada ayudará más al trabajador estadounidense que acabar con la economía informal y el uso de inmigrantes ilegales de una vez por todas.

DI ADIÓS AL MERCADO NEGRO Y HOLA A E-VERIFY

Deportar a millones de trabajadores sería un error catastrófico. Pero fingir que el problema no existe, ignorar el mercado negro, dejar pasar los ingresos perdidos, mirar hacia otro lado mientras el trabajo ilegal sostiene industrias enteras, es igual de destructivo. Por eso la *Ley Dignidad* aborda de frente ambos lados de la crisis.

Hoy, millones de personas trabajan en EE. UU. dentro de una economía informal, en gran parte sin regulación. No está escondida en un callejón, sino está en todas partes. En granjas, hoteles, restaurantes, obras de construcción y hogares suburbanos. Los estadounidenses contratan a estos trabajadores y les pagan por fuera del sistema legal y fiscal.

Cuando las empresas quieren trabajadores indocumentados, rara vez los contratan directamente. Usan intermediarios. La empresa paga al contratista, el contratista paga al trabajador, y en papel, todo parece limpio. Pero para que los números cuadren, el trabajador necesita un número de Seguro Social. Ese número se compra fácilmente en las calles de Los Ángeles, en los campos de Texas, en cualquier parte.

De pronto, una joven guatemalteca, Carla González, se convierte en Rosa Pérez, una mujer fallecida en EE. UU. Su nombre y su número de seguro social, robados y vendidos. Se retienen impuestos, se presenta documentación, la empresa se cubre, el trabajador sobrevive, y el fraude continúa.

Otras veces, los trabajadores reciben pagos en efectivo. Sin papeles, sin impuestos, sin protección. Los salarios se deprimen para los ciudadanos estadounidenses, porque pueden estar por debajo del mínimo legal. Las comunidades pierden ingresos y la deuda nacional sigue creciendo.

Esto no es un secreto a voces. Es un fraude a plena vista. Cada eslabón de la cadena tiene parte de culpa. Trabajadores. Empleadores. Intermediarios. Todos son cómplices. Incluso los buenos, los indocumentados que creen que solo están tratando de sobrevivir, en realidad están alimentando una economía en la sombra.

Y como ese trabajo se hace en las sombras, los salarios se reducen. Estas personas ganan menos de lo que recibirían si trabajaran legalmente. Eso perjudica a los trabajadores estadounidenses, baja los estándares salariales y distorsiona el mercado.

¿Lo peor? Que las empresas que quieren cumplir la ley y contratar solo trabajadores legales son castigadas. Son superadas por competidores que violan la ley.

Imagina a una dueña de hotel que verifica la elegibilidad de cada empleado. Cumple las reglas, paga salarios justos y paga impuestos. ¿Y qué ocurre? Es castigada, superada por el competidor de la esquina que contrata indocumentados por fuera y paga menos. El tramposo gana; el negocio honesto pierde. Ese es el sistema que hemos construido. Esa es la podredumbre que hemos permitido. Y eso es lo que *Dignidad* va a terminar.

Cerrar estas brechas no es solo una cuestión de justicia, es una cuestión de seguridad económica nacional. Nuestra capacidad para mantener el nivel de vida estadounidense depende de desmantelar esta economía en la sombra. Sacarla a la luz eleva los salarios, devuelve dignidad al trabajo y obliga a todos los empleadores a competir en igualdad de condiciones.

Hay una herramienta para arreglarlo: *E-Verify*. Un sistema federal que permite a los empleadores verificar la elegibilidad laboral comparando los datos del nuevo empleado con bases federales. Fue lanzado en 1996 como medida de protección. Y sin embargo, casi treinta años después, sigue siendo voluntario en la mayoría del país. Sí, voluntario. Las sanciones por contratar trabajadores ilegales son ridículas, apenas un tirón de orejas. (La verdadera pregunta es: ¿por qué sigue siendo voluntario? Ni lo preguntes. Es la parte más hipócrita de todo el sistema).

La *Ley Dignidad* destruye ese sistema en la sombra. Por primera vez en la historia de EE. UU., hará que *E-Verify* sea obligatorio en todo el país. Cada empleador. Cada trabajador. Cada vez. Nada de parches estatales, con unos aplicando y otros no. Nada de cumplimientos fingidos. Nada de excusas plausibles. El presidente Reagan prometió esto en 1986, pero el Congreso nunca cumplió. *Dignidad* cumple esa promesa, casi cuarenta años después.

Las sanciones serán reales, rápidas y severas. Y al mismo tiempo, los millones de inmigrantes indocumentados que ya han vivido, trabajado y contribuido aquí tendrán la oportunidad de salir de las sombras legalmente.

Eso es equilibrio. Eso es justicia. Y así protegemos tanto nuestra economía como nuestros valores.

El verdadero ganador es el trabajador estadounidense. Los salarios para los trabajadores de bajos ingresos aumentarán. Ya no tendrán que competir contra ilegales que trabajan por fuera. Cuando igualamos el terreno de juego, todos ganan.

Estamos dando a los trabajadores indocumentados una segunda oportunidad. Y a los empresarios, una sola oportunidad, una, para limpiar el historial, cumplir la ley y avanzar con honestidad. Sin sanciones por el pasado. Pero con total responsabilidad hacia el futuro.

Y por eso mismo, las élites empresariales gastan millones en cabildeo contra esta ley. Se sientan en oficinas del Congreso, se sientan en la Oficina Oval, y dicen: "si lo hacen obligatorio, colapsamos". Y así, los mismos políticos que gritan en televisión sobre seguridad fronteriza y me acusan de querer dar amnistía a millones de hispanos, son los que protegen en silencio el sistema que mantiene todo roto.

Esta es la hipocresía en el corazón del debate migratorio. Ambos partidos lo saben. Ambos partidos se benefician. Y ambos partidos son culpables de permitir que continúe.

Basta.

No más mentiras. No más juegos en la sombra. Un terreno justo para los trabajadores, para los empresarios, para todos los estadounidenses.

UNA MAREA CRECIENTE ELEVA TODOS LOS BARCOS

Vale la pena recordar qué ocurre si no actuamos.

La evidencia sobre las deportaciones es abrumadora. Un estudio de la Universidad de Colorado analizó las presidencias de George W. Bush y Barack Obama y encontró que **por cada millón de inmigrantes indocumentados deportados, 88 mil trabajadores nativos de EE. UU. perdieron su empleo.** ¿Por qué? Porque cuando se elimina a los trabajadores de una industria de golpe, las empresas no encuentran mágicamente estadounidenses para ocupar esos puestos. Entonces recortan. Dejan de invertir. Y cuando la inversión desaparece, la demanda se reduce y las economías locales se hunden.

Un estudio del Penn Wharton Budget Model en 2025 llegó a la misma conclusión, titulado sin rodeos: *Deportación Masiva de Inmigrantes No Autorizados: Efectos Fiscales y Económicos.* Su hallazgo: "Es bien sabido que la deportación masiva reduce variables económicas agregadas como el PIB, el capital y la oferta laboral, simplemente por efectos de escala". Las deportaciones reducen no solo la economía total, sino también el PIB per cápita y los salarios promedio. En lenguaje claro: menos trabajadores, menos crecimiento, sueldos más bajos. La deportación perjudica a todos.

La historia lo confirma. Michael Clemens, del Peterson Institute for International Economics, señala que cuando las administraciones de Kennedy y Johnson cerraron el acceso a trabajadores mexicanos en los años 60, no se crearon empleos para los estadounidenses, se crearon crisis. Los agricultores se desesperaron, los ingresos cayeron, el valor de la tierra se desplomó. Cuando Hoover y Roosevelt deportaron a 400 mil mexicanos y mexicoamericanos durante la Gran Depresión, el empleo y los ingresos en los condados más afectados **disminuyeron**. ¿La represión de Coolidge en los años 20? Mismo resultado: producción industrial reducida, empleos destruidos.

Incluso la *Operación Wetback,* la campaña de deportación masiva de Eisenhower en 1954 que la extrema derecha glorifica, no funcionó sin una expansión paralela de **vías legales.**

Eisenhower amplió el *Programa Bracero,* un acuerdo bilateral con México, que permitía a los trabajadores laborar legalmente y de forma temporal en EE. UU. El programa, nacido en la Segunda Guerra Mundial, mantuvo las granjas funcionando mientras los hombres estadounidenses luchaban en el extranjero y las mujeres entraban a las fábricas. Eisenhower entendía el equilibrio: si quitas trabajadores, debes crear reemplazos legales. Convirtió trabajadores ilegales en legales. Esa fue la única razón por la que la economía no colapsó.

La política migratoria siempre ha sido cuestión de equilibrio, de asegurar que EE. UU. tenga los trabajadores que necesita, mientras se protegen los salarios y el nivel de vida. La deportación de contribuyentes rompe ese equilibrio. Reduce industrias, corta inversión y destruye economías locales. Darles Dignidad restaura el equilibrio. Amplía las oportunidades, eleva los salarios y hace crecer la economía.

Esa es la decisión fundamental que tenemos ante nosotros: seguir fingiendo que el mercado negro es sostenible, o finalmente sacarlo a la luz. Seguir fantaseando con deportaciones masivas, o aceptar la realidad y convertir a los trabajadores indocumentados en residentes documentados, contribuyentes y respetuosos de la ley.

La evidencia es clara: si legalizamos a quienes ya están aquí, si les damos una vía hacia la Dignidad, toda la economía se fortalece. No solo los inmigrantes. Todos los estadounidenses.

Esa es la promesa de *Dignidad*: no solo evitar una catástrofe, sino liberar el potencial increíble y no aprovechado de millones de personas que ya viven, trabajan y contribuyen aquí. La marea creciente está esperando. Solo tenemos que dejarla elevar cada barco.

Capítulo 6

¿Sabes quién es tu vecino?

- No tenemos idea de quién entró al país bajo el mandato del presidente Biden.
- *Dignidad* separa a los "contribuyentes" de los criminales.
- *Dignidad* arregla el sistema de asilo mediante la creación de campus humanitarios para procesar rápidamente las solicitudes. Elimina la política de "captura y liberación".
- *Dignidad* convierte a vecinos invisibles en miembros responsables y activos de la comunidad.
- *Dignidad* permite que ICE se enfoque en los verdaderos criminales y en los recién llegados.

DIGNIDAD LIBERA A ICE PARA ENFOCARSE EN LOS MALOS, COMO LOS LLAMA EL PRESIDENTE TRUMP: LOS BAD HOMBRES

Cuando Donald Trump dice que el país ha sido invadido, no se equivoca. Entre los más de diez millones de personas que ingresaron bajo el presidente Biden en los últimos cuatro años, hay cientos en listas de vigilancia por terrorismo. Miles con antecedentes criminales.

Esto nos lleva a la pregunta más básica y urgente: ¿Quién demonios son estas personas?

Hasta hace poco, la respuesta era al menos predecible. La mayoría de los migrantes venían de México y Centroamérica, atraídos por la geografía y la oportunidad. Pero todo cambió cuando los traficantes de personas abrieron el Tapón del Darién.

Ya lo mencionamos brevemente al hablar de las caravanas, pero vale la pena profundizar.

Durante años, el Tapón del Darién, una zona selvática, salvaje y peligrosa entre Panamá y Colombia, fue una barrera natural. Solo unos pocos miles se atrevían a cruzarlo cada año, y la mayoría eran hombres jóvenes de países cercanos. Las familias lo evitaban. Los peligros eran demasiado altos, el camino incierto, la infraestructura inexistente.

Entonces llegó 2021. El colapso económico de Venezuela. El caos político en la región. La elección de Biden. La gente estaba desesperada, y comenzó a correr la voz: si lograbas llegar a la frontera sur de EE. UU., te dejarían entrar.

Los coyotes —traficantes de personas—, vieron su oportunidad. Trazaron rutas, abrieron senderos, instalaron puntos de control. Construyeron un modelo de negocio ilícito en WhatsApp y Facebook, anunciando la selva antes infranqueable como un camino pagado hacia América. Por unos cientos o miles de dólares, tú también podías cruzar. Y así, el Tapón del Darién renació como una empresa en auge, y la avalancha fue imparable.

Y en ese vacío no solo entraron migrantes económicos y familias huyendo de la miseria, sino también actores peligrosos: terroristas, traficantes, miembros de carteles, personas que contrabandeaban armas, drogas y seres humanos. Tal vez ocho millones vinieron a limpiar habitaciones y lavar platos. Pero dos millones representaban una amenaza.

Aquí está la verdad: no sabemos quiénes eran entonces. Y no sabemos quiénes son ahora. Lo que sí sabemos es que terroristas y pandilleros, como Tren de Aragua y MS-13, se infiltraron sistemáticamente en EE. UU. en los últimos cuatro años. La magnitud de esa infiltración también es desconocida.

Hasta que no hagamos un recuento completo de todos los que están dentro de nuestras fronteras, no podemos garantizar la seguridad del pueblo estadounidense. No podemos separar a quienes vinieron en busca de dignidad de quienes vinieron a causar daño.

Eso significa que debemos distinguir entre los inmigrantes de largo plazo —los *buenos hombres*— y los recién llegados o los criminales que se esconden entre ellos. Pero ahora mismo, las tácticas que usamos —redadas masivas de ICE, arrestos aleatorios, la amenaza constante de deportación— hacen que esa separación sea más difícil, no más fácil. Al empujar a millones más hacia las sombras, nos cegamos ante la verdad. Los inmigrantes ya no denuncian crímenes, ni acuden a las autoridades para reportar personas peligrosas en sus comunidades, como solían hacerlo, por miedo a que la ley se vuelva contra ellos.

Dignidad cambia eso.

Solo piensen. Al sacar a los indocumentados que han vivido aquí por años del escondite, ganamos transparencia para saber quién es quién. ICE y la Patrulla Fronteriza finalmente pueden enfocarse donde deben: en los traficantes, los pandilleros, los contrabandistas de carteles, los criminales peligrosos. Las comunidades, ya sin miedo a redadas indiscriminadas, volverán a confiar en las autoridades, y esa cooperación facilitará atrapar a las verdaderas amenazas.

Este es el corazón de la reforma: reemplazar el caos con claridad. Reemplazar el miedo con confianza. Y liberar a nuestros agentes para que persigan depredadores, no lavaplatos.

Solo entonces podremos responder la pregunta más importante: **¿Sabes quién es tu vecino?**

EL JUEGO DEL ASILO HA TERMINADO

El segundo problema es: ¿cómo evitamos que entren nuevos criminales? ¿Cómo estamos procesando a las personas y qué ocurre después?

Asilo y "captura y liberación".

La *Ley de Refugiados de 1980* fue creada para establecer un marco estandarizado para procesar a quienes solicitaban asilo y para atender el flujo de refugiados que huían del comunismo. También otorgó al presidente la autoridad para fijar cuotas anuales de admisión y priorizar grupos, sentando las bases del sistema moderno de asilo.

Estamos hablando de principios de los años 80. Justo cuando yo comenzaba como periodista. Era reportera de asignación general cubriendo noticias locales en Miami, recién salida de la escuela de periodismo, cuando las guerras en Centroamérica —Nicaragua, El Salvador, Guatemala— empezaron a intensificarse.

Verlo desde Miami ya no era suficiente. Quería ver con mis propios ojos lo que estaba ocurriendo. Quería contar las historias desde el terreno.

Así que fui a Centroamérica, primero a Honduras y luego a El Salvador, para cubrir los conflictos. Mi primera asignación fue en un campo de refugiados en Honduras llamado Las Vegas. En ese momento, nadie más quería ir. Era peligroso, y ningún periodista occidental había logrado entrar y obtener imágenes.

Entrar fue una experiencia aterradora que nunca olvidaré. En algunos lugares, la carretera misma forma la frontera entre Honduras y Nicaragua, y nosotros íbamos por ella. Una semana antes, un reportero de *Newsweek* había pasado por esa misma ruta cuando una mina explotó bajo su coche. El chasis calcinado seguía allí como una advertencia sombría.

Fue la primera vez que enfrenté la muerte como periodista. Y cuando estás cara a cara con la muerte, es cierto lo que dicen: tu vida realmente pasa como una película ante tus ojos. De algún modo, salí con vida, y mi cámara seguía grabando.

Las imágenes de ese viaje me valieron mis tres primeros premios Emmy. Y marcaron mi rumbo. Decidí quedarme en el campo, seguir contando estas historias desde la primera línea.

Años después, me convertí en jefe de la oficina de Centroamérica para Univisión, con sede en El Salvador, lo que me dio una visión aún más cercana de los conflictos en nuestro propio patio trasero.

La dinámica en esa región era compleja, por decir lo menos. De un lado estaban el presidente Reagan, el ejército salvadoreño, los Contras financiados por EE. UU. en Nicaragua y la élite política. Del otro lado, los guerrilleros del FMLN en El Salvador, los sandinistas en Nicaragua, Cuba y la Unión Soviética. Era regional, pero también una extensión de las fuerzas de la Guerra Fría —comunismo, revolución, guerra civil— que habían expulsado a mi familia de Cuba tres décadas antes. Y al igual que en Cuba, fueron los pueblos quienes sufrieron lo peor —de ambos lados— con desplazamientos masivos, abusos de derechos humanos y años de inestabilidad.

Estos conflictos violentos y desestabilizadores provocaron desplazamientos a gran escala.

Entre 1981 y 1990, se estima que un millón de salvadoreños, guatemaltecos y nicaragüenses huyeron de la represión, muchos viajando por México hasta la frontera sur para solicitar asilo.

Legalmente, el asilo estaba destinado a proteger a personas que huían de amenazas directas de persecución o violencia, criterios que claramente aplicaban a quienes escapaban de las guerras civiles centroamericanas. Sin embargo, en 1984, solo se aprobaban alrededor del 3% de las solicitudes de asilo de salvadoreños y guatemaltecos. Esto era mucho más bajo que las tasas de aprobación de solicitantes de otras regiones, a pesar de que los centroamericanos a menudo presentaban pruebas sólidas de amenazas directas.

Las bajas tasas de aprobación se convirtieron en un problema moral y político. Los críticos argumentaban que el sistema de asilo estaba fallando en su propósito. Finalmente, las *Iglesias Bautistas Americanas* demandaron al gobierno federal por su manejo de estos casos, y ganaron. El acuerdo resultante reformó la política de asilo en EE. UU., asegurando que las solicitudes creíbles fueran evaluadas seriamente antes de ser rechazadas. Sin querer, también abrió la puerta para que migrantes económicos ingresaran al país alegando asilo, incluso si no calificaban realmente.

Cuando Biden asumió el cargo, solicitar asilo se había convertido en una de las formas más rápidas y comunes de entrar a EE. UU., y en la mayor falla del sistema migratorio.

No importaba si venías de Uganda, Kazajistán, Afganistán, India o China; si llegabas a la frontera sur y pedías asilo, se te permitía entrar y permanecer en el país mientras se procesaba tu caso, una práctica conocida como "captura y liberación". Miles y miles de chinos, tayikos, indios y africanos ingresaron de esa manera.

Cuando alguien llega a la frontera y solicita asilo, primero se le evalúa por "miedo creíble". Esto significa que el oficial de inmigración debe determinar si existe una posibilidad significativa de que la persona califique para asilo, no necesariamente porque su historia sea cierta, sino que sea lo suficientemente plausible como para justificar una audiencia.

El estándar para miedo creíble es muy bajo. Básicamente, si hay un 10% de probabilidad de que la historia sea cierta, se permite avanzar al siguiente paso. (Ese estándar se ha elevado un poco en años recientes, pero sigue siendo relativamente fácil de superar).

Si pasan esa evaluación inicial, se les libera en el país con una *Notificación de Comparecencia* (NTA), una orden para presentarse ante un juez de asilo, quien decidirá si su solicitud es legítima o no.

El problema es que los tribunales están tan saturados que la primera audiencia disponible puede tardar siete años. En teoría, la ley de asilo está diseñada para proteger a quienes huyen de la persecución. Pero en la práctica, una vez que entran, muchos quedan atrapados en un limbo durante años. Muchos simplemente desaparecen en el país, sin dejar rastro. Mientras tanto, algunos comienzan a construir una vida en EE. UU. Con este sistema, rastrear a los solicitantes de asilo y hacer cumplir las decisiones se vuelve extremadamente difícil.

Esta práctica comenzó cuando llegaban muchos menos migrantes, y los casos podían resolverse rápidamente, a veces en una o dos semanas. En ese entonces, los solicitantes eran retenidos en instalaciones designadas mientras se procesaban sus casos.

A medida que la migración aumentó y las instalaciones de detención se saturaron, especialmente para familias y niños, el sistema colapsó. La detención se volvió insostenible.

En su lugar, los migrantes fueron liberados en el país mientras esperaban juicio. La noticia se difundió rápidamente. La gente se dio cuenta de que podía llegar a la frontera, pedir asilo, fuera cierto o no su caso, y desaparecer. Prometían volver en siete años para su audiencia. Tal vez lo harían, tal vez no. Muchos sí. Muchos no. Para entonces, ya habían formado familias, echado raíces y construido vidas enteras en EE. UU.

La política de "captura y liberación" se convirtió en un punto de frustración para los republicanos, y no sin razón. El proceso facilitaba que las personas desaparecieran y hacía casi imposible que el gobierno las rastreara o gestionara una vez dentro del país.

Bajo Biden, casi todos los que llegaban a la frontera sur solicitaban asilo político. Decían cosas como: "Me van a matar en Honduras", o "Me persiguen en China por mis ideas políticas". Los datos históricos revelan que aproximadamente el 70% de las solicitudes de asilo son finalmente rechazadas. Los jueces revisan los casos, los consideran no creíbles y ordenan la deportación. Pero con los retrasos de años, cuando llega la decisión, la persona ya se ha ido, o puede que sea tu vecino.

Los republicanos propusieron varias soluciones en la última década: Retener a los solicitantes en centros de detención hasta que se decida su caso, o exigirles esperar en México antes de cruzar. Cada opción enfrentó una fuerte oposición desde la izquierda, lo que las volvió políticamente tóxicas y casi imposibles de aprobar en el Congreso. Con los legisladores reacios a encontrar un punto medio y sin que ninguno de los dos partidos quisiera abordar la inmigración de forma significativa, el poder pasó al presidente. Así fue como el presidente Trump logró frenar la política de "captura y liberación" en su primer mandato. Y así fue como Biden la restableció por completo al asumir el cargo. Con cada nueva administración, la aplicación de la ley cambiaba. La frontera se cerraba. La frontera se abría.

Este problema lleva años gestándose. Existía bajo Obama. Incluso bajo el presidente Trump. Con Biden, explotó. Los republicanos argumentaban que la solución era simple: negar la entrada en la frontera o mantener a los solicitantes de asilo en centros de detención hasta que se resolvieran sus casos. Los demócratas, en cambio, consideraban esas medidas inhumanas e inaceptables.

En ese momento, los demócratas no ofrecían una alternativa clara. Evitaban confrontar directamente las políticas de Biden, pero también se negaban a respaldar las propuestas republicanas. El resultado fue la parálisis. Las dos partes estaban a millas de distancia, atrapadas en un punto muerto, y el sistema seguía roto.

SE LLAMA CAMPUS HUMANITARIO
Las personas no deberían ser liberadas en el país hasta que se determine si realmente califican para asilo. Así de simple.

Entonces la pregunta es: ¿a dónde deben ir, cómo debemos procesarlas y cómo hacerlo con rapidez?

El gran avance de *Dignidad* fue encontrar un término medio perfecto. En lugar de obligar a las personas a esperar en México o encerrarlas en centros de detención durante años, propusimos mantenerlas bajo custodia federal en instalaciones nuevas que llamamos *campus humanitarios*. En nuestro modelo, no hay separación familiar. Eso es innegociable. Las familias permanecen unidas en los campus humanitarios.

Si alguien solicita asilo bajo las disposiciones de la *Ley Dignidad*, será ubicado en uno de estos tres campus, situados a lo largo de la frontera sur. A diferencia de una cárcel, los campus permiten libertad de movimiento dentro del recinto. Las personas no pueden salir hasta que se resuelva su caso, pero reciben tres comidas al día, atención médica y psicológica, asistencia legal y acceso a actividades recreativas.

La velocidad es la diferencia más importante entre este modelo y el sistema actual. Nuestro compromiso es resolver cada caso de asilo en un plazo de sesenta días. Si una persona no puede demostrar una amenaza creíble de persecución o violencia, se le devuelve a su país. Lo sentimos. Si la evidencia es sólida, se le concede el asilo y sale del campus legalmente reconocido como residente de Estados Unidos. Sin vacíos legales. Sin trampas. Sin años de espera. Solo un proceso justo, rápido y humano.

Para hacerlo posible, gran parte de la carga se trasladaría de los jueces de inmigración sobrecargados a los oficiales de asilo, profesionales capacitados para determinar con eficiencia si un caso es legítimo. Los oficiales tendrían sesenta días para emitir un fallo. Los casos más complejos aún podrían ir ante un juez, pero la gran mayoría se resolvería rápidamente.

Los campus humanitarios, junto con los oficiales de asilo adicionales y el personal de apoyo, serían financiados por el impuesto del 1% que pagan los participantes del programa *Dignidad*.

Este enfoque fue diseñado como una solución bipartidista. Muchos demócratas se mostraban escépticos ante la seguridad fronteriza bajo el presidente Trump, especialmente después del debate sobre el muro. Pero a medida que el caos aumentó bajo el presidente Biden, la política comenzó a cambiar. La crisis en la frontera se volvió imposible de ignorar y amenazaba con convertirse en un problema político grave. Afortunadamente, aún hay legisladores serios, como mi copatrocinadora demócrata Veronica Escobar, dispuestos a dejar la política de lado y buscar un compromiso.

La seguridad fronteriza sigue siendo esencial, pero por sí sola es una medida incompleta.

Un muro no puede detener el flujo. Un sistema de asilo más sólido, rápido y transparente, como el que propone *Dignidad*, puede cerrar los vacíos legales, prevenir abusos y restaurar la confianza. Ofrece un sistema ordenado y humano que protege a quienes realmente necesitan refugio, mientras garantiza el respeto a la ley.

DIGNIDAD COMO HERRAMIENTA PARA RESTAURAR EL ORDEN EN LA FRONTERA, DE FORMA DEFINITIVA

El presidente Trump aseguró la frontera, pero si queremos que esa victoria perdure, debemos codificarla. Sus medidas no pueden depender de una sola administración. La acción ejecutiva es un parche; la ley del Congreso es una cirugía. A menos que la seguridad fronteriza esté consagrada en estatuto legal, el próximo presidente puede deshacerla con solo firmar. Eso no es orden. Eso es jugar a la ruleta rusa.

Ninguna propuesta migratoria, por bien diseñada o compasiva que sea, puede avanzar sin una seguridad fronteriza sólida. Es la condición inamovible. Todo republicano lo sabe, todo demócrata lo teme, y todo negociador serio debe aceptarlo. Los republicanos nunca considerarán permitir que los indocumentados se queden si la frontera no está sellada.

Y, en verdad, tienen razón. No se puede arreglar el sistema aguas abajo si continúa el flujo aguas arriba.

Por eso, desde el principio, cuando John Mark y yo nos sentamos a redactar la *Ley Dignidad*, miramos hacia atrás antes de avanzar. Estudiamos precedentes. En 2018, los republicanos intentaron aprobar un proyecto de ley de seguridad fronteriza, dos versiones, conocidas como *Goodlatte Uno* y *Goodlatte Dos*, en honor al presidente del Comité Judicial, Bob Goodlatte. Ninguna fue aprobada, pero ambas contaban con el respaldo del presidente Trump. Y eso nos dio ventaja.

John Mark revisó el lenguaje legislativo. Extrajo la estructura de lo que ya se había redactado y refinado, luego la reestructuró para que *Dignidad* pudiera construir sobre ese trabajo, sin duplicarlo. A su favor, entendió algo que Washington suele olvidar: no hay vergüenza en usar buenas ideas, incluso si fracasaron una vez. El fracaso no siempre es un juicio sobre el contenido; a veces es un juicio sobre el momento.

Así construimos la *Ley Dignidad*. Tomamos lo que ya tenía apoyo bipartidista, o lo que ya había pasado por una cámara del Congreso, y lo perfeccionamos. No reinventamos la rueda sino que le pusimos mejor tracción y la montamos en un vehículo más fuerte. Luego la combinamos con un nuevo marco, uno que ningún partido había estado dispuesto a probar por completo: si eres indocumentado, puedes quedarte en el país, pero nunca tendrás acceso a la ciudadanía. Pagas una multa y vives una vida digna en la tierra prometida. Y al mismo tiempo, no más inmigración ilegal. Nunca más. Respaldado por ley, no por promesas vacías.

Todo esto, cada palabra, descansa sobre una sola condición: la seguridad fronteriza.

Esta es la realidad: hasta hace muy poco, Estados Unidos nunca había hecho una inversión total, única y definitiva para asegurar la frontera. Década tras década, el enfoque fue fragmentado, asignaciones anuales, medidas a medias, leyes de "emergencia" que tapaban huecos pero nunca construían el dique. El resultado era predecible: año tras año, la gente seguía llegando. La frontera no era un fracaso de política; era un fracaso operativo. Y lo era porque Washington nunca la trató como una prioridad nacional.

Este año, eso cambió con la aprobación de la HR 1, la *Gran y Hermosa Ley*, en julio de 2025, que asignó casi $150 mil millones para infraestructura y control migratorio.

Es una inversión histórica, pero tiene una trampa.

La financiación llegó a través de reconciliación presupuestaria, una maniobra partidista.

Y por ley, la reconciliación no puede incluir cambios importantes en política migratoria si no afectan directamente el presupuesto. Por lo tanto, sí, el muro se construirá mientras Trump sea presidente, pero las leyes que regulan el asilo, la detención y la aplicación de la ley permanecerán sin cambios.

En otras palabras, se destinó dinero a la frontera, pero no hay ninguna ley que obligue a la próxima administración a seguir asegurándola. Y pueden dejar de gastar ese dinero en cualquier momento. Solo tienen que ganar la Casa Blanca.

Lo que significa que la próxima administración aún podría revertir todo lo que el presidente Trump está haciendo, desmantelando el progreso logrado. Y no tengan dudas: alguien lo intentará. Por eso la codificación es esencial. Eso significa que la política de seguridad fronteriza debe ser aprobada por el Congreso.

Los fundamentos de la seguridad fronteriza no han cambiado en cuarenta años. Se reducen a tres cosas: tecnología, infraestructura y personal. La frontera se extiende casi 2 mil millas. Solo unas 750 millas, entre desiertos, ríos y terrenos escarpados, están protegidos con cercas o barreras. Eso deja más de 1200 millas de oportunidad abierta. Y cuando hay oportunidad, los traficantes, carteles y coyotes la aprovechan.

La tecnología ha comenzado a cambiar esa ecuación. Cuando empezamos a redactar *Dignidad*, la Patrulla Fronteriza estaba desplegando torres infrarrojas construidas por empresas como Anduril y General Dynamics. Cada torre cubría aproximadamente un kilómetro y medio, diferenciando entre animales y humanos, todas conectadas a un centro de comando. Pero para 2025, esas torres dieron un salto adelante. Ahora, una sola torre puede monitorear un radio de ocho kilómetros. Cientos ya están en funcionamiento. Un solo agente en una camioneta, guiado por esa tecnología, puede controlar un tramo de dieciséis kilómetros. En cuanto un migrante cruza, el sistema marca las coordenadas exactas, y los agentes lo interceptan en tiempo real.

Piensen en lo que eso significa. Antes volábamos a ciegas, agentes a caballo, drones que captaban solo parte de la imagen, cámaras que podían ser engañadas. Ahora, tenemos la capacidad de verlo todo, en todas partes, al mismo tiempo. La tecnología existe. Lo único que ha faltado es voluntad política y una directiva del Congreso para desplegarla donde se necesita.

Ahí es donde entra *Dignidad*. Nuestro proyecto exige, por ley, que esto se haga: más torres, más agentes, más infraestructura y actualizaciones tecnológicas obligatorias. Nada de parches. Nada de debates interminables sobre si las barreras físicas funcionan. Funcionan. Las torres funcionan. El personal funciona. El problema nunca ha sido la capacidad; ha sido el coraje.

Dignidad exige valentía. Porque la dignidad comienza con la seguridad. La dignidad comienza con saber quién entra a tu país y por qué. La dignidad comienza cuando el pueblo estadounidense confía en que sus leyes significan algo, y que esas leyes existen para protegerlos.

Eso es lo que nuestra propuesta restaura: no solo orden en la frontera, sino fe en el sistema.

Capítulo 7

La mayor pérdida del cristianismo en la historia de Estados Unidos

- Las deportaciones masivas devastarán las iglesias y provocarán una pérdida sin precedentes del cristianismo en EE. UU. El miedo ya está afectando la asistencia a las congregaciones.
- La *Ley Dignidad* está basada en valores bíblicos: perdón, segundas oportunidades y restitución.
- *Dignidad* protege a las comunidades de fe que mantienen fuertes a las familias y estables a las sociedades, mientras honra los principios judeocristianos sobre los que se fundó Estados Unidos.
- La comunidad religiosa, de todas las denominaciones, se está uniendo en torno a esta solución.

UN ARGUMENTO DE FE A FAVOR DE DIGNIDAD

No es sorpresa que los pastores me llamen. Están asustados. En congregaciones latinas, el 10, 20, a veces hasta el 30% de los feligreses han desaparecido. No han abandonado la fe, se están escondiendo.

Demasiado temerosos para asistir a la iglesia. Demasiado temerosos para cantar en el coro, sentarse en los bancos o enviar a sus hijos a la escuela dominical. Temen redadas de ICE en la iglesia, temen ser detenidos camino al culto.

No es de extrañar que evangélicos, católicos, bautistas, metodistas, luteranos y pentecostales miren a *Dignidad* y digan: "por fin, algo que aborda esta realidad".

Somos un país temeroso de Dios. Estados Unidos fue construido sobre valores judeocristianos. Somos una nación justa y moral. Creo que necesitamos una solución como *Dignidad*, que refleje eso.

El nombre mismo de la *Ley Dignidad* no fue idea de encuestadores ni consultores.

Viene de la Biblia.

Génesis 1:27 enseña: "Y creó Dios al ser humano a su imagen; a imagen de Dios lo creó; hombre y mujer los creó". Desde el primer capítulo de las Escrituras, la lección es clara: cada ser humano está hecho a imagen de Dios. Y con esa imagen viene la dignidad.

La Biblia también enseña el perdón y las segundas oportunidades. Colosenses 3:12–13 dice: "Como escogidos de Dios, santos y amados, revístanse de compasión, bondad, humildad, mansedumbre y paciencia. Sopórtense unos a otros y perdónense si alguno tiene queja contra otro. Así como el Señor los perdonó, perdonen también ustedes".

Eso es lo que representa la *Ley Dignidad*: perdón. Una segunda oportunidad. No estamos diciendo que los indocumentados no hicieron nada malo. Violaron la ley. Pero como cristianos, sabemos que la gracia es posible. Como legisladores, podemos redefinir la ley de una forma que honre la justicia y extienda misericordia.

El concepto de restitución es central. Éxodo 22:3 lo establece claramente: "El que roba debe hacer restitución". La restitución es la forma en que el culpable repara el daño, pagando lo que debe, restaurando su lugar en la comunidad y siendo reconciliado bajo la ley. Eso es lo que exige la *Ley Dignidad*. Quienes cruzaron ilegalmente deben admitirlo, pagar restitución y contribuir al país.

Incluso la estructura del programa, su duración de siete años, está basada en la tradición bíblica. En Levítico 25, Moisés establece un ciclo de deuda de siete años, culminando en liberación y restauración. La *Ley Dignidad* sigue ese mismo patrón: Siete años de responsabilidad. Siete años de restitución. Y luego, restauración. Las multas se pagan, y puedes seguir viviendo y trabajando aquí.

Mateo 5:7 dice: "Bienaventurados los misericordiosos, porque ellos recibirán misericordia". Lucas 19:8–9 nos muestra el modelo en acción, cuando Zaqueo, un recaudador de impuestos que había engañado a sus vecinos, promete devolverles cuatro veces lo robado. Jesús declara: "Hoy ha llegado la salvación a esta casa". Justicia y misericordia de la mano. Responsabilidad y redención juntas. Ese es el equilibrio que buscamos. Ese es el equilibrio que restaura la *Ley Dignidad*.

Ninguna ley migratoria en la historia de EE. UU. ha sido construida tan profundamente sobre valores bíblicos. Y no hay mejor fundamento.

La Biblia está llena de historias de inmigrantes, refugiados y exiliados. José, vendido como esclavo, fue traficado a Egipto. David, perseguido por el rey Saúl, buscó asilo entre los filisteos. Noemí huyó del hambre, y su nuera Rut encontró acogida en una nueva tierra, una migrante económica construyendo una nueva vida.

Daniel y sus compañeros vivieron como exiliados en Babilonia, obligados a servir a un rey extranjero. Incluso toda la nación de Israel conoció el exilio tras la destrucción del Templo, obligada a vivir en tierras lejanas. Cuando el rey Herodes quiso matar a los niños de Belén, María y José huyeron con el niño Jesús a Egipto. De esta forma, incluso Jesús fue un refugiado.

La Biblia también nos da instrucciones claras sobre cómo tratar al extranjero.

Levítico 19:33–34: "Cuando un extranjero resida entre ustedes en su tierra, no lo maltraten. Al extranjero que reside entre ustedes lo tratarán como a uno de sus compatriotas. Ámenlo como a ustedes mismos, porque ustedes también fueron extranjeros en Egipto. Yo soy el Señor su Dios".

El pueblo de Israel sabía lo que era ser extranjero. Y nosotros también. Estados Unidos es una nación de inmigrantes. Jesús reafirmó esta ética cuando dijo que los dos mandamientos más grandes son amar a Dios, y amar al prójimo como a uno mismo. No definió quién cuenta como "prójimo". No dejó condiciones ni exclusiones.

Hoy, nuestro mayor desafío es que nuestro legado moral está chocando con nuestras leyes. Pero las leyes pueden cambiar. De hecho, así funciona la democracia. Cuando nuestras leyes ya no reflejan nuestros valores, nuestras necesidades o nuestras prioridades nacionales, tenemos el poder, y la responsabilidad, de volver a alinearlas.

Ese es el propósito de *Dignidad*. Es una política que busca reflejar tanto nuestros valores como las enseñanzas de las Escrituras.

Las consecuencias no podrían ser más graves.

Si la *Ley Dignidad* fracasa, Estados Unidos corre el riesgo de sufrir la mayor pérdida forzada de cristianismo en su historia. Uno de cada doce cristianos en EE. UU. es indocumentado o tiene un familiar cercano que lo es. Las redadas indiscriminadas y las deportaciones masivas, si continúan, desgarrarán congregaciones enteras.

Imagina los bancos vacíos. Imagina el coro reducido a la mitad. Imagina el miedo resonando en el santuario. **Estados Unidos nunca ha adoptado una política que pueda disminuir tan directamente a la comunidad de fe.**

No todos lo sienten aún, porque no todas las congregaciones se ven afectadas por igual. Mientras algunas iglesias tienen pocos o ningún inmigrante, otras podrían perder a la mitad de sus miembros. Pero debería importarnos a todos. El apóstol Pablo describe la iglesia como un cuerpo, formado por partes distintas pero interdependientes, y dice que cuando una parte sufre, todas las partes sufren con ella.

Por eso la *Ley Dignidad* cuenta con un apoyo tan fuerte en las iglesias. Pastores. Obispos. Evangélicos. Líderes católicos. Denominaciones de todo el espectro. Cristianos de distintas tradiciones teológicas se están uniendo para dar la voz de alarma.

Están llamando a sus líderes de gobierno para pedirles que intervengan.

Esto es, verdaderamente, un momento de proporciones bíblicas.

Todo lo que puedo hacer ahora es orar al Señor.

Espero que ustedes también lo hagan.

Capítulo 8

Ya hemos estado en esta encrucijada antes

- Estados Unidos ha enfrentado crisis migratorias anteriormente; el péndulo ha oscilado entre políticas extremas muchas veces desde los inicios de la república.
- Cada generación se ha beneficiado del trabajo y la energía de los inmigrantes.
- Cuando hay demasiada inmigración, surge el sentimiento antiinmigrante.
- Cuando logramos el equilibrio adecuado, la inmigración lleva a EE. UU. a nuevas alturas.
- La pregunta no es si los inmigrantes moldearán el futuro, sino si sabremos encontrar el equilibrio justo y aprovechar su potencial para construir el mejor futuro posible.

LO NUEVO ES LO VIEJO

Estados Unidos es el mejor país del mundo, pero nuestra búsqueda de una "unión más perfecta" nunca ha sido fácil.

Uno de los desafíos más persistentes ha sido la política migratoria: ¿Quién puede venir, quién puede quedarse y qué significa ser estadounidense? Es el intento de encontrar el balance adecuado entre seguridad, economía y nuestros valores.

Pero no nos equivoquemos: la conversación que estamos teniendo hoy no es nueva. Ya hemos estado en esta encrucijada antes. Podemos elegir entre dos extremos, o podemos diseñar una solución que responda a las necesidades de nuestro tiempo.

El péndulo ha oscilado muchas veces a lo largo de nuestra historia, y podemos ver sus efectos.

Para entender realmente lo que está en juego, debemos volver a los comienzos.

Uno de los primeros actos de Donald Trump al regresar a la Casa Blanca en 2025 fue invocar la *Ley de Extranjeros Enemigos*, una ley aprobada en la década de 1790, en los primeros días de la República. Ese solo hecho ya nos dice algo: **la inmigración y la seguridad nacional estaban entrelazadas en la política estadounidense antes de que se secara la tinta de la Constitución.**

Los debates sobre inmigración están tejidos en la historia misma de Estados Unidos. Desde el principio, las preguntas han sido sorprendentemente constantes: ¿Cómo protegemos la seguridad nacional y el estado de derecho? ¿Cómo impulsamos el crecimiento económico?

¿Cómo cumplimos nuestras responsabilidades morales como nación que proclama libertad y justicia para todos?

A lo largo de la historia, a veces recibimos inmigrantes porque beneficiaban la economía, y otras veces porque creíamos que era lo correcto. Desde los colonos que huían de la persecución religiosa, hasta los disidentes que escapaban de regímenes totalitarios durante la Guerra Fría, y las familias que hoy buscan seguridad frente a la violencia, la inmigración siempre ha sido cuestión de equilibrio.

Demasiada inmigración, y se desata una reacción nacional. Muy poca, y la economía sufre, y nos alejamos de nuestros valores.

1776: LA DECLARACIÓN DE INDEPENDENCIA

En la era colonial, muchos dejaron Europa no solo para escapar de la miseria, sino para reclamar derechos que nunca podrían tener bajo los rígidos sistemas de ciudadanía europeos, derechos como poseer tierras, practicar libremente su fe y asegurar el futuro de sus hijos.

El Nuevo Mundo prometía oportunidades, y cumplió. La creciente popularidad de las colonias americanas empezó a preocupar a Inglaterra.

Después de la Guerra de los Siete Años contra Francia, la Corona impuso restricciones a la naturalización, limitando la capacidad de los extranjeros para obtener derechos en las colonias. Las restricciones fueron tan severas que llegaron a incluirse en la propia *Declaración de Independencia*.

Se acusó al rey Jorge III de "obstruir las leyes de naturalización de extranjeros, negándose a aprobar otras que fomentaran su migración aquí, y elevando las condiciones para nuevas apropiaciones de tierras". En términos simples: los colonos decían, "Vinimos aquí en busca de oportunidades, y ahora nos las estás quitando".

Debemos nuestra independencia, en gran parte, a los inmigrantes. El ejército continental de George Washington dependía en gran medida de inmigrantes irlandeses para llenar sus filas. De hecho, los inmigrantes han desempeñado un papel clave en cada guerra importante de la historia de EE. UU.

Sorprendentemente, la Constitución no menciona la palabra "inmigración". No especifica quién puede venir ni bajo qué condiciones. Pero sí exige un proceso uniforme de naturalización. Así que el Congreso aprobó rápidamente la *Ley de Naturalización de 1790*, su segunda pieza legislativa importante. En otras palabras, **la segunda ley más importante que se aprobó después de convertirnos en nación fue sobre inmigración.** Eso muestra la relevancia del tema.

Permitía obtener la ciudadanía tras solo dos años. El camino más corto en nuestra historia. (Y *Dignidad* no ofrece ningún camino a la ciudadanía. Cómo han cambiado las cosas).

En 1795, el Congreso amplió el período de naturalización a cinco años e introdujo el requisito de "buena conducta moral", un concepto que aún resuena en la legislación migratoria actual.

Poco después, se aprobaron las *Leyes de Extranjería y Sedición*, incluyendo la *Ley de Extranjeros Enemigos*, que permitía arrestar y deportar a miembros de naciones hostiles.

La inmigración quedó explícitamente vinculada a los conceptos de lealtad y seguridad nacional. La *Ley de Extranjeros Enemigos* se invocó cuatro veces: contra los británicos en la Guerra de 1812; contra los alemanes en la Primera Guerra Mundial; contra alemanes, italianos y japoneses en la Segunda Guerra Mundial; y en 2025 bajo el presidente Trump, en respuesta a oleadas de migrantes que incluían afiliados a carteles, pandilleros y sospechosos de terrorismo. La pandilla el *Tren de Aragua*, ahora considerada organización terrorista extranjera (gracias a mis esfuerzos para alertar al Congreso), despertó al gigante dormido.

Ya en los primeros quince años de nuestra nación, Estados Unidos había enfrentado el dilema entre inmigración y seguridad.

Ahora, pasamos a nuestra economía naciente...

1800: UNA NACIÓN JOVEN

Para el siglo XIX, la atención se centró en quién estaba llegando. Europa ardía en hambrunas, revoluciones e inestabilidad. Millones vinieron a América. En 1840, la *Gran Hambruna Irlandesa* impulsó oleadas de inmigrantes irlandeses hacia nuestras costas. También llegaron muchos alemanes, muchos de ellos artesanos calificados. El Congreso y la opinión pública debatían: ¿estos inmigrantes estaban quitando empleos a los estadounidenses, o fortaleciendo la economía?

¿Por qué creo que esto puede sonar familiar?

Los irlandeses enfrentaron una hostilidad especial, no solo por ser pobres, sino por ser católicos. En una nación dominada por tradiciones protestantes, la llegada de millones de católicos generó preocupación, alimentando temores sobre el impacto religioso y cultural de la inmigración.

Entramos en el debate sobre moralidad y valores.

El año era 1848, cuando Europa se convulsionó con revoluciones, la llamada *Primavera de los Pueblos*. Cayeron monarquías, surgieron repúblicas, y miles huyeron. Los inmigrantes llegaron desde el colapso del Imperio Austrohúngaro. Vinieron a América buscando no solo pan, sino libertad. Los recibimos, prosperamos, y nuestra economía creció.

Desafortunadamente, nos dirigíamos hacia una guerra civil.

GUERRA CIVIL Y EXPANSIÓN HACIA EL OESTE

La Guerra Civil devastó nuestra economía, y tuvimos que reconstruir lo perdido. Abraham Lincoln, conocido por la *Proclamación de Emancipación*, también reconocía el valor de los inmigrantes. En un mensaje al Congreso cerca del final del conflicto, que duró cinco años, los describió como "una de las principales corrientes de renovación designadas por la Providencia para reparar los estragos de la guerra interna y sus pérdidas de fuerza y salud nacional". (¿Dónde están los Lincoln republicanos de hoy?)

Gracias a la influencia de Lincoln, durante la década de 1860 se aprobaron dos leyes clave que moldearon la inmigración y el asentamiento en EE. UU.: La *Ley de Homestead* de 1862 ofrecía hasta 160 acres de tierras públicas a quienes estuvieran dispuestos a mudarse al oeste y desarrollarlas. Y la *Ley de Trabajo por Contrato* de 1864 que fomentaba la inmigración permitiendo que las empresas pagaran el pasaje de trabajadores extranjeros a cambio de un período de trabajo acordado. Esta política ayudó a las empresas a cubrir la demanda laboral durante la rápida expansión hacia el oeste, mientras reconstruíamos tras la Guerra Civil y entrábamos en la Revolución Industrial. No era necesario ser ciudadano para aprovechar estas oportunidades. Había muy pocos límites sobre cuántos inmigrantes podían ingresar al país bajo este programa.

El péndulo había oscilado por completo a un lado. Pero no duró mucho. En solo dos décadas, el péndulo volvería a oscilar. En 1885, se aprobó una nueva ley que prohibía todo trabajo por contrato, en respuesta a la preocupación por el creciente número de inmigrantes.

Al mismo tiempo, la Costa Oeste estaba en auge. La *Fiebre del Oro* en California atrajo a muchos inmigrantes asiáticos a esa tierra prometedora. Los inmigrantes chinos desempeñaron un papel clave en la construcción de la infraestructura del país, especialmente en el *Ferrocarril Transcontinental*, que conectó las costas este y oeste. Una vez más, las preocupaciones sobre empleo, cultura y religión encendieron movimientos nativistas, culminando en la *Ley de Exclusión China* de 1882. Aquí lo vemos otra vez. El péndulo de un lado para el otro. Esta sigue siendo la única ley en la historia de EE. UU. que prohibió explícitamente la inmigración basada en una sola nacionalidad. (Fue derogada en 1943, cuando China se alió con EE. UU. contra Japón durante la Segunda Guerra Mundial).

A estas alturas, es evidente que estos episodios ilustran un patrón recurrente en la historia estadounidense. Un grupo de inmigrantes llega, contribuye a la economía, y dentro de unas décadas, enfrenta rechazo. Surgen entonces debates públicos sobre cuál es el "nivel adecuado" de inmigración. ¿Cuántos recién llegados pueden permitirse o tolerarse?

Estos ciclos históricos, desde los inicios de la república, han generado intensos debates y argumentos. En esos momentos, podemos optar por cerrar por completo el sistema o diseñar una política adaptada a las circunstancias del momento.

Veamos qué ocurrió al entrar en el siglo XX.
A principios de 1900, aproximadamente el punto medio entre la Guerra de Independencia y el presente, hubo intensos debates sobre inmigración. (¿Qué más hay de nuevo?) Algunos reformistas argumentaban que los inmigrantes obstaculizaban la construcción de una sociedad ideal, cometían delitos o abusaban del sistema de asistencia social. (*Fox News* aún no existía, pero sin duda habría liderado los ratings entonces, como lo hace ahora).

Académicos de la época promovían la idea de que ciertas etnias poseían cualidades inherentes que impedían su asimilación en la sociedad estadounidense. Estas ideas contribuyeron a restricciones dirigidas contra grupos específicos, incluidos judíos, asiáticos y africanos.

PRIMERA GUERRA MUNDIAL
Durante la Primera Guerra Mundial, el Congreso aprobó la *Ley de Inmigración de 1917*, que permitía la detención y deportación de inmigrantes que cometieran ciertos delitos.

Después de la guerra, Estados Unidos enfrentó el desafío de reintegrar a más de cuatro millones de soldados que regresaban a la vida civil. Con tantos hombres necesitados de trabajo y el país adaptándose a las condiciones de la posguerra, el Congreso aprobó una serie de leyes para regular la inmigración con más rigor que nunca antes en los 130 años de nuestra existencia hasta ese momento.

La primera fue la *Ley de Cuotas de Emergencia* de 1921, seguida por la *Ley de Orígenes Nacionales* de 1924. Estas leyes marcaron la primera vez que el Congreso intervino tan directamente en establecer límites y preferencias migratorias. **Aquí es donde comenzamos a decidir realmente qué nacionalidades preferimos y cuántos inmigrantes permitimos.**

La *Ley de Cuotas de Emergencia* de 1921 estableció un límite de 350 mil inmigrantes del hemisferio oriental. En ese momento, los legisladores favorecían a los inmigrantes del norte y oeste de Europa, como Inglaterra y Francia, considerándolos más "deseables". En cambio, los europeos del sur y del este, incluidos italianos y griegos, eran vistos como de clase baja o menos asimilables. Según este sistema, el 75% de los inmigrantes permitidos bajo la cuota debían provenir del norte y oeste de Europa.

Antes de 1921, el juego era la inclusión. Todos eran bienvenidos, salvo que estuvieran en una lista negra. (Para ser justos, la lista era larga). ¿Por qué lo digo? Las leyes migratorias de EE. UU. se enfocaban principalmente en ciertos grupos excluidos, pero cualquiera que no estuviera explícitamente prohibido podía inmigrar. Esta ley de 1921 representó un cambio importante en nuestra breve historia: el gobierno federal comenzó a decidir activamente quién podía entrar, cuántos podían entrar y desde qué parte del mundo.

Tres años después, el Congreso reforzó estas restricciones con la *Ley de Orígenes Nacionales* de 1924, reduciendo el límite de 350 mil a 164 mil. La ley también modificó los porcentajes regionales: más del 80% de los inmigrantes ahora debían provenir del norte y oeste de Europa.

¿Y el hemisferio occidental? Nuestra propia región, de México a Argentina. Irónicamente, en ese momento no era motivo de preocupación porque muy pocas personas venían de América Latina o cruzaban la frontera sur. (*Fox News* hubiera perdido todos sus ratings). Como el lector sabe, esto cambiaría muy pronto y de forma dramática.

Es en la década de 1920 cuando surge el concepto, hoy tan familiar, de "inmigración ilegal". Hasta ese momento, durante la mayor parte de la historia de EE. UU., no existía una idea formal de entrada ilegal. Escuchen esto: la gente podía llegar libremente a nuestras costas, y salvo que estuvieran específicamente prohibidos, podían convertirse en ciudadanos sin problema tras esperar un tiempo. Más sorprendente aún: incluso si se les prohibía la ciudadanía, muchos inmigrantes podían vivir en EE. UU. sin restricciones legales. (*Vaya mundo*).

Pongámoslo en contexto. En ese entonces, había muy poca infraestructura gubernamental y seguimiento, lo que facilitaba que los inmigrantes se desplazaran dentro del país.

Por ejemplo, alguien que llegaba a Nueva York podía enfrentar dificultades en la ciudad, pero con simplemente mudarse al oeste podía comenzar una nueva vida. La primera generación de inmigrantes solía mantener su cultura, pero sus hijos, la primera generación nacida en EE. UU., se convertían automáticamente en ciudadanos y se asimilaban más plenamente, a menudo amando y valorando el país más que muchos que llevaban más tiempo aquí. Yo soy un ejemplo vivo de eso.

Para 1932, el flujo anual de inmigrantes legales se había reducido a solo 35 mil.

Piensen en eso: en menos de una década, un país construido sobre la inmigración había cerrado casi por completo sus puertas. Este descenso abrupto ocurrió solo ocho años después de que el Congreso impusiera el sistema de cuotas. Fue uno de los giros más dramáticos en la historia estadounidense. También fue una época de agitación económica. Para una nación que alguna vez recibió más de un millón de recién llegados al año, las puertas estaban ahora casi cerradas.

Con menos vías legales disponibles, muchos comenzaron a ingresar al país ilegalmente.

El gobierno federal respondió inventando nuevas formas de rastrear, regular y castigar a quienes entraban sin autorización. En 1933 se creó el *Servicio de Inmigración y Naturalización* (INS), precursor del actual *Departamento de Seguridad Nacional*. Por primera vez, la inmigración se centralizó en una agencia federal diseñada no para recibir, sino para controlar.

Aquí es donde comienza nuestra lucha contra la inmigración ilegal.

SEGUNDA GUERRA MUNDIAL

Al pasar de la década del treinta a los cuarenta, la sospecha se convirtió en ley. La seguridad volvió al centro del debate. En 1940, con el mundo nuevamente en guerra, el Congreso aprobó la *Ley de Registro de Extranjeros*. Todo no ciudadano debía registrarse ante el gobierno federal, proporcionar huellas dactilares y notificar cualquier cambio de domicilio.

El comunismo era una amenaza. Por lo tanto, la ideología política también se convirtió en motivo de deportación. Ser miembro de un partido comunista, fascista o nazi bastaba para ser expulsado. Estados Unidos ya no solo controlaba quién entraba, sino también sus creencias.

En 1942 ocurrió uno de los episodios más vergonzosos de nuestra historia: el internamiento de japoneses estadounidenses. Tras el ataque a Pearl Harbor, más de 100 mil personas fueron obligadas a abandonar sus hogares y confinadas en campos de internamiento.

Comunidades enteras fueron desarraigadas. Familias perdieron casas, tierras y negocios de la noche a la mañana. Fue un encarcelamiento masivo, justificado por "seguridad nacional", pero en realidad fue miedo, miedo convertido en política.

La ironía era dolorosa. Hasta ese momento, Estados Unidos se enorgullecía de ser un refugio, incluso en tiempos difíciles. Familias judías que huían de pogromos en Europa del Este habían encontrado seguridad aquí a finales del siglo XIX y principios del XX. Disidentes políticos habían buscado refugio de zares y emperadores. Pero cuando Hitler ascendió en Alemania en los años treinta, EE. UU. cerró sus puertas. Las cuotas limitaron la inmigración, y muchas familias desesperadas no encontraron dónde acudir.

El símbolo más desgarrador de ese fracaso es la historia del *St. Louis*. En 1939, este barco transportaba a más de 900 judíos que huían del terror nazi. Navegaron hacia Estados Unidos, que les negó la entrada. El capitán suplicó a las autoridades estadounidenses que permitieran desembarcar a los pasajeros. Los refugiados rogaron por asilo. Pero el gobierno de Roosevelt los rechazó. Obligados a regresar a Europa, muchos de esos pasajeros murieron luego en el Holocausto, en campos de concentración nazis. El viaje del *St. Louis* sigue siendo una mancha en la conciencia de América, un recordatorio de lo que ocurre cuando la política migratoria se inclina demasiado hacia un extremo y no logra adaptarse a los tiempos. (La tragedia del *St. Louis* también es una mancha en la historia de Cuba, que también les negó entrada. Los cubanoamericanos tenemos una deuda con el pueblo judío).

Incluso durante la Segunda Guerra Mundial, la historia de la inmigración estuvo llena de contradicciones. Con millones de hombres estadounidenses en el extranjero, la escasez de mano de obra en casa se volvió crítica, especialmente en agricultura y transporte. Para llenar ese vacío, en 1942 Washington creó el *Programa Bracero*, trayendo trabajadores mexicanos bajo contratos temporales. Estos hombres cosechaban cultivos, mantenían ferrocarriles y sostenían la economía.

Poco después, en 1954, el gobierno lanzó la *Operación Wetback*, una campaña para deportar a trabajadores mexicanos que estaban en el país ilegalmente. Por un lado, invitábamos a los trabajadores. Por otro, los expulsábamos. La contradicción revelaba la tensión fundamental que atraviesa nuestra historia migratoria: Estados Unidos depende de la mano de obra inmigrante, pero al mismo tiempo la teme.

¿Cómo equilibramos esto? (En términos psicológicos, se llama neurosis. Quieres el objeto y su opuesto al mismo tiempo).

El péndulo está a punto de oscilar otra vez. Solo observen. En 1952, el Congreso intervino nuevamente para abordar las necesidades reales de la fuerza laboral con la *Ley de Inmigración y Nacionalidad*. La ley amplió las cuotas, derogó restricciones antiguas sobre trabajo por contrato y creó categorías formales para trabajadores invitados. Lo más significativo: introdujo las peticiones familiares como piedra angular de la política migratoria estadounidense. Esta ley sentó las bases del sistema legal de inmigración que aún existe hoy.

Estados Unidos estaba a punto de experimentar un auge.

A estas alturas, esta es una película vieja. ¿Cuántas veces más tenemos que verla?

LA GUERRA FRÍA

Luego llegó la Guerra Fría, y la inmigración asumió un nuevo papel como arma ideológica. Recibir refugiados de regímenes comunistas no era solo caridad; era estrategia.

Cada cubano que huyó de Castro, cada húngaro que escapó tras el levantamiento de 1956, cada familia vietnamita evacuada durante la caída de Saigón, todos se convirtieron en prueba viviente de la superioridad de Estados Unidos sobre la Unión Soviética. **La inmigración como promoción de valores estadounidenses había regresado.**

En 1965, el Congreso reforzó esta nueva política migratoria y aprobó la *Ley de Inmigración y Nacionalidad de 1965*. Firmada por Lyndon Johnson al pie de la Estatua de la Libertad, la ley abolió las cuotas de origen nacional que favorecían a europeos del norte y oeste. En su lugar, se estableció un sistema de preferencias: 75% de las tarjetas verdes irían a familiares, 20% a inmigrantes por empleo y 5% a refugiados. Los cónyuges y padres recibían la máxima prioridad. Parientes más lejanos —hijos adultos, hermanos— entraban en largas listas de espera. Aquí comenzó la llamada "migración en cadena". Venías porque conocías a alguien, no por tus habilidades. Las visas laborales, limitadas en número, se convirtieron en la vía secundaria. Los refugiados eran aceptados, pero en números relativamente bajos.

La ley de 1965 abrió las puertas de EE. UU. más de lo que lo habían estado en décadas. También creó nuevos retos. Al hacer hincapié en los lazos familiares, contribuyó menos a satisfacer las necesidades laborales reales del país. Muchos trabajadores poco cualificados entraron legalmente con visados temporales, pero se quedaron después de que expiraran sus permisos. Otros cruzaron sin autorización.

Estados Unidos siguió prosperando, pero no logró controlar la inmigración ilegal. Con el tiempo, la población indocumentada creció, creando un nuevo desequilibrio.

Esta es la situación que heredó el presidente Reagan en los años ochenta. Ya sabemos lo que ocurrió después.

HOY, MAÑANA Y EN EL FUTURO

La historia nos enseña esto: La política migratoria estadounidense oscila como un péndulo. Abrimos, luego cerramos. Recibimos, luego tememos. Deportamos, luego legalizamos. Esto es exactamente donde estamos ahora bajo el presidente Trump.

Los rostros de los migrantes pueden cambiar —irlandeses, alemanes, italianos, griegos, chinos, judíos, mexicanos, salvadoreños, cubanos, dominicanos, venezolanos— pero sus motivos no. Economía, seguridad, moralidad, libertad y el sueño americano. Siempre los mismos temas, en nuevas formas.

Lo que es diferente hoy no es el debate, sino el fracaso del Congreso para estar a la altura del momento. En las últimas décadas, los legisladores cedieron la autoridad migratoria al poder ejecutivo. Presidentes de ambos partidos han gobernado por decreto. El Congreso está ausente.

Obama movió el péndulo con DACA. El presidente Trump lo cerró hacia el lado opuesto con el Título 42. Biden lo volvió mover con las caravanas migrantes. El presidente Trump selló la frontera y está intensificando las deportaciones masivas. Pero en 2028, un nuevo presidente puede revertir todo el dinero asignado para asegurar la frontera. Y la película comienza otra vez. Y podría ser aún más aterradora.

No creo que esta sea la forma adecuada de manejar una crisis que afecta a todas las comunidades estadounidenses. Hasta que el Congreso haga su trabajo, con un marco duradero y bipartidista consagrado en ley, la política migratoria seguirá estando a merced de quien ocupe la Oficina Oval. Y el caos en nuestro sistema migratorio seguirá con nosotros.

¿Cómo mirará la historia este momento? No lo sé.

Lo que sí sé es esto: estoy en el Congreso, y estoy cumpliendo con mi deber cívico al redactar esta ley. Una ley que responde a este momento, en lugar de abrazar uno de los extremos. Mientras otros corren asustados, yo me siento como Caleb en la Biblia, el explorador que vio la oportunidad que el Señor había prometido, aunque la misión no sería fácil. Cuando todos temían a los gigantes en la Tierra Prometida y no querían avanzar, Caleb se mantuvo firme y dijo: "Sí, podemos conquistarla".

Estamos ante una encrucijada. Necesitamos una solución que esté a la altura del momento.

Necesitamos recuperar la Tierra Prometida.

CAPÍTULO 9

¿Por qué la gente no entra de forma legal?

- Estados Unidos está al borde de una nueva era de crecimiento, si tomamos decisiones inteligentes ahora.
- Mientras detenemos la inmigración ilegal, debemos modernizar el sistema de inmigración legal, que también está roto.
- La inmigración digna y legalizada es el combustible para una nueva Edad Dorada.
- Aprovechar la mano de obra, el emprendimiento y la innovación fortalece a Estados Unidos y su liderazgo global.
- El fracaso significa declive, escasez y la pérdida de nuestra ventaja en el mundo.

PORQUE LA INMIGRACIÓN LEGAL TAMBIÉN ESTÁ HECHA UN DESASTRE

Como ya hemos visto, la inmigración ilegal es el tema político más urgente del momento.

Pero ¿qué pasa con la inmigración legal? Una de las preguntas más comunes que recibo es, con razón: "¿Por qué la gente no viene legalmente?"

La respuesta puede sorprender: La "forma legal" simplemente no existe. La inmigración legal no es lo que muchos creen. No hay una sola "fila" en la que esperar. El sistema está roto en cada paso.

Irónicamente, es más fácil entrar ilegalmente al país que hacerlo por la vía correcta. Los inmigrantes solo pueden venir legalmente a EE. UU. de tres formas: Por trabajo, por patrocinio familiar o por protección humanitaria como el asilo, y cada ruta está limitada y fuertemente restringida.

En resumen, se ha vuelto extremadamente difícil venir y trabajar legalmente en Estados Unidos. Como señala el *American Immigration Council*: "Un inmigrante de México puede verse obligado a esperar entre cinco y 25 años para convertirse en ciudadano estadounidense naturalizado. Si es un familiar directo de un ciudadano estadounidense, como cónyuge, padre o hijo menor, el proceso total suele tardar entre cinco y siete años. Esto incluye la espera por la tarjeta verde, el requisito de residencia y el proceso de naturalización. En cambio, la mayoría de la inmigración familiar desde México implica tiempos de espera mucho más largos. Los cónyuges e hijos menores de residentes legales permanentes suelen esperar de dos a cuatro años por su tarjeta verde, lo que resulta en un total de ocho a diez años antes de la naturalización. Los hijos adultos y hermanos de ciudadanos estadounidenses enfrentan las demoras más largas, con listas de espera que pueden superar los 20 años".

Hay muy pocas visas de trabajo permanentes. El sistema para obtenerlas está desactualizado, es restrictivo y dolorosamente lento. Necesitamos reformar el sistema de visas laborales para que los empleadores puedan contratar legalmente a los trabajadores que necesitan. De forma abierta, transparente y asegurando que no se les quite el empleo a los estadounidenses.

Recuerden, esta reforma —me refiero a la migración legal— se llevará a cabo al mismo tiempo que detenemos la inmigración ilegal de una vez por todas. No más ilegales. No más economía en la sombra.

Como acabo de explicar, la mayoría del sistema legal actual de inmigración en EE. UU. se basa en la familia. Es decir, la inmigración depende principalmente de a quién conoces en el país, no de lo que sabes. Por lo tanto, la única "forma correcta" de venir aquí es tener ya un familiar en el país.

Solo alrededor del 15% de las visas permanentes que emitimos cada año, las llamadas "green cards", se destinan a trabajadores que satisfacen nuestras necesidades económicas.

Eso deja a la gran mayoría de las visas legales vinculadas a la reunificación familiar, no al trabajo ni al talento. Actualmente, EE. UU. ofrece solo 140 mil visas legales de trabajo por año. Ese número fue establecido a principios de los años noventa, antes de internet, de los *smartphones*, inteligencia artificial, Silicon Valley, Amazon, Apple, Google. El mundo explotó, mientras nuestro sistema migratorio sigue en la Edad de Piedra.

Compara esas 140 mil visas con la fuerza laboral civil actual de aproximadamente 170 millones de trabajadores estadounidenses, y verás cuán desfasados están los números.

Obtener una de estas visas es extremadamente difícil, y muy competitivo.

Para quienes creen que los extranjeros están quitando empleos a los estadounidenses, 140 mil representa solo el 0.0008%, una fracción ínfima de nuestra fuerza laboral.

Esas 140 mil posiciones se dividen en cinco categorías, de EB-1 a EB-5. Cada una está diseñada para atender a un tipo distinto de trabajador. En teoría, es un diseño racional: emparejar talento con oportunidad. En la práctica, es un laberinto de demoras, cuellos de botella y burocracia. Y no es suficiente para lo que el mercado necesita.

Repasemos las cinco categorías de visas EB:

1. **EB-1**: Reservada para los mejores de los mejores; personas
   con habilidades extraordinarias. Investigadores líderes,
   altos ejecutivos, ganadores del Nobel o del Emmy. Albert
   Einstein y Taylor Swift (si no hubiera nacido en EE. UU.)
   habrían calificado. Es extremadamente difícil de obtener,
   por eso es la única categoría sin grandes demoras.
2. **EB-2**: Para profesionales con títulos avanzados, como
   maestrías o doctorados. Un investigador japonés en
   cáncer, un empresario chileno exitoso o el Dr. Yu, un
   cirujano de cataratas, calificarían. Siempre hay largas
   esperas, especialmente para personas de países con alta
   demanda como México, India, China y Filipinas.
3. **EB-3**: Incluye trabajadores calificados, profesionales sin
   títulos avanzados y algunos trabajadores no calificados. Es
   la categoría más amplia, y por eso también la más saturada.
   Un mecánico boliviano, un técnico farmacéutico indio o
   un albañil español especializado en mampostería podrían
   entrar aquí. Es una de las más lentas.
4. **EB-4**: Reservada para grupos especiales, como
   trabajadores religiosos o personas que han asistido al
   gobierno de EE. UU. en el extranjero. Gracias a esta
   categoría, un sacerdote irlandés puede celebrar misa en
   Boston, o un traductor afgano que salvó vidas puede vivir
   en EE. UU.
5. **EB-5**: Para inmigrantes ricos, inversores extranjeros
   que traen capital para abrir negocios y crear empleos.
   Increíblemente, esta categoría también tiene demoras.
   Pensé que el dinero hablaba… pero no cuando se trata de
   inmigración, incluso el hombre más rico del mundo debe
   esperar en la fila.

No es solo el número de visas lo que crea el atasco, la geografía también influye. Puede que todos seamos iguales ante Dios, pero no todos los países son iguales ante la ley migratoria de EE. UU. El trato varía mucho según el país de origen.

Hace décadas, el Congreso impuso una regla: No más del 7% de las tarjetas verdes, en un año determinado, pueden ir a inmigrantes de un solo país. La idea era preservar la diversidad. Pero en la práctica, ha creado enormes demoras para países con grandes poblaciones como India, China, México y Filipinas.

Considera esta absurda realidad: si una empresa estadounidense quiere patrocinar y contratar legalmente a un empleado altamente calificado de México, podría tardar años, a veces décadas, en obtener su tarjeta verde, simplemente porque la cuota de ese país ya se ha alcanzado.

Lo siento, Pepe.

Incluso cuando un empleador está dispuesto a navegar la burocracia, tendría que esperar años para conseguir al trabajador que necesita. Una empresa tecnológica podría esperar años para cubrir un puesto que necesita hoy. Así no es cómo funciona una economía saludable. Esa es una señal de alerta: el sistema está roto.

La *Ley Dignidad* incluye disposiciones para hacer que el sistema sea más eficaz y más sensible a las necesidades reales.

La primera idea es duplicar el límite por país, aumentándolo del 7 % al 15 %. Esto permitirá que el mercado atraiga talento de países más poblados, si lo consideramos necesario.

Ese único ajuste reduciría drásticamente los retrasos en los países más grandes, al tiempo que se mantendría la capacidad de atraer talento de todo el mundo. En un mundo en el que las habilidades y las industrias cambian rápidamente, no deberíamos atarnos arbitrariamente una mano a la espalda, limitando los lugares de donde podemos atraer talento.

Otro arreglo en la *Ley Dignidad* aborda lo que los expertos llaman "derivados", un término matemático usado por burócratas. ¿Recuerdan que solo otorgamos 140 mil visas laborales al año? Resulta que muchos de esos trabajadores tienen familia, esposas e hijos. Según el cálculo oficial, cada hijo cuenta como si fuera un ingeniero o matemático que viene a trabajar. Incluso si tienen doce hijos. Y la esposa que se queda en casa también cuenta. Esto es absurdo.

En la práctica, esto significa que solo el 30% de esas 140 mil plazas van realmente a trabajadores. ¿No es una locura? Solo un tercio de lo prometido se cumple.

La solución de la *Ley Dignidad* es directa: excluir a los llamados "derivados" del límite de 140 mil. Contar solo al sostén de la familia, no a su cónyuge o sus hijos. Las familias aún podrían venir, pero si no forman parte de la fuerza laboral, no ocuparían una plaza destinada a un trabajador. Este cambio no aumentaría el número total de visas, pero garantizaría que todas las plazas laborales se asignen a trabajadores reales. Esto reduciría significativamente los retrasos. Ya otorgamos muy pocas visas laborales, al menos que cada una cuente.

Estas dos disposiciones de la *Ley Dignidad*, por simples que parezcan, agilizarán el sistema para hacerlo más eficaz y más acorde con las necesidades reales del mercado laboral. Actualizarán nuestro sistema para el siglo XXI.

Así se desbloquea nuestro potencial para formar una fuerza laboral capaz de ganar la carrera por la inteligencia artificial, superar a China, mantenernos como la potencia militar número uno y recuperar la manufactura en Estados Unidos.

Si queremos llevar a EE. UU. a nuevas alturas económicas, y mantenernos allí durante décadas, corregir la política de inmigración legal es tan importante como asegurar la frontera sur.

Como he dicho repetidamente, la inmigración no se trata solo de la frontera. Se trata del futuro y del lugar de Estados Unidos en el mundo.

Hablemos de manufactura.

Uno de los objetivos declarados del presidente Trump es traer de vuelta la manufactura a EE. UU. Sin embargo, hoy hay aproximadamente 420 mil empleos manufactureros sin cubrir.

Al mismo tiempo, un crecimiento económico sostenido del 3% o más es crucial si queremos mantener la competitividad de EE. UU. y garantizar el nivel de vida que los estadounidenses esperan. La verdad es que no podemos alcanzar ni sostener ese crecimiento si no cubrimos los empleos críticos hoy, y dentro de cincuenta años.

¿Cómo vamos a iniciar un verdadero renacimiento industrial sin inmigrantes y sin reforma migratoria legal? Si queremos fortalecer la capacidad industrial de EE. UU., no podemos hacerlo sin la *Ley Dignidad*.

Si no podemos atraer a las mentes más brillantes y a los trabajadores más fuertes del mundo, nos quedaremos atrás. El poder del futuro no se mide solo en tanques o misiles; se mide en patentes, en laboratorios, en código y en ideas nuevas. Se mide en quién gana la carrera por la inteligencia artificial, el dominio cibernético y la manufactura avanzada.

Hoy en día, China nos supera cinco a uno en doctorados. El Partido Comunista Chino ha construido un sistema estatal para identificar, formar y retener expertos en STEM. Están educando a una nueva generación de ingenieros, matemáticos y científicos. También reclutan talento en el extranjero con programas como el *Thousand Talents Program*, ofreciendo incentivos para atraer investigadores —incluidos muchos formados en EE. UU.— a regresar y trabajar para los intereses de Pekín. Y están teniendo éxito.

El gobierno chino trabaja activamente para incrementar el retorno de estudiantes nacidos en China que estudian en el extranjero. China ya es el principal país de origen de estudiantes internacionales en EE. UU., especialmente en facultades STEM avanzadas. Demasiados se gradúan con habilidades de vanguardia y luego son expulsados porque nuestras leyes migratorias no los pueden acoger. Estamos educando a los mejores del mundo, y luego los echamos. Es una locura.

En 2022, cincuenta exfuncionarios de seguridad nacional de administraciones republicanas y demócratas dieron la voz de alarma en una carta pública. Su mensaje fue claro: "China es el competidor tecnológico y geopolítico más significativo que nuestro país ha enfrentado en tiempos recientes. Con el mejor talento STEM del mundo de nuestro lado, será muy difícil que EE. UU. pierda. Sin él, será muy difícil que EE. UU. gane". No exageraban.

Aquí en casa, solo la mitad de los doctorados otorgados por universidades estadounidenses van a estudiantes nacidos en EE. UU. La otra mitad son extranjeros. Muchos quieren quedarse, formar familias y contribuir a nuestra economía, pero no pueden porque nuestro sistema legal es restrictivo, obsoleto y roto.

Si realmente queremos ganar las batallas que definirán este siglo —guerra cibernética, supremacía en IA, avances en biotecnología y medicina— debemos alinear nuestras leyes migratorias con nuestros intereses nacionales, como lo hemos hecho antes. Debemos permitir que el mejor talento global se quede en EE. UU., no expulsarlo. Siempre ha sido nuestra ventaja competitiva.

La *Ley Dignidad* ofrece esa solución. Garantiza que quienes ya están aquí cursando doctorados en campos STEM puedan calificar para la *Visa O*, reservada para personas con habilidades extraordinarias, y quedarse a trabajar tras graduarse. Extender esa oportunidad también a médicos, abordando la escasez de profesionales que ya afecta hospitales y clínicas rurales en todo EE. UU. Es simple, es justo, y es vital para nuestra seguridad nacional. Si quieren ser estadounidenses, esta ley les da tiempo para quedarse y competir por una de las 140 mil tarjetas verdes anuales que ofrecemos a trabajadores calificados.

Estados Unidos siempre ha liderado el mundo porque ha atraído a los mejores. Recibimos a Albert Einstein y a los científicos alemanes que nos ayudaron a ganar la Segunda Guerra Mundial. Trajimos químicos, investigadores médicos e ingenieros de Asia y Europa. Creamos un ecosistema donde las mentes más brillantes querían estar. Sergey Brin, cofundador de Google, llegó como niño refugiado desde la Unión Soviética. Elon Musk eligió EE. UU. para lanzar SpaceX y Tesla. ¿Cuántos Einsteins estamos rechazando hoy? ¿Cuántos Musks están construyendo su futuro en otros países, algunos de ellos adversarios? ¿Cuál es el costo de nuestra inacción?

Los inmigrantes no solo traen genialidad; también traen emprendimiento. El 45% de las empresas del *Fortune 500* fueron fundadas por un inmigrante o sus hijos. Actualmente, 3.2 millones de inmigrantes dirigen sus propios negocios, representando uno de cada cinco emprendedores en EE. UU. Esos negocios emplean a ocho millones de trabajadores estadounidenses y generan $1.3 billones en ventas anuales. Eso no es caridad. Es combustible para nuestra economía.

Los datos son abrumadores. Según el *American Action Forum*: Por cada 100 inmigrantes altamente calificados, se crean 183 empleos para estadounidenses nativos. Por cada 100 inmigrantes poco calificados, se crean 464 empleos para los nacidos en EE. UU. La inmigración bien regulada es un multiplicador de fuerza. Expande la economía, crea demanda y genera riqueza.

La inmigración también impulsa la productividad. Introduce nuevas habilidades y permite que los trabajadores estadounidenses se especialicen, aumentando los salarios en general. Por cada aumento del 1% en empleo inmigrante en un estado, los ingresos suben medio punto porcentual. Los inmigrantes son desproporcionadamente emprendedores. Asumen riesgos, innovan y amplían oportunidades para todos.

Así que pregúntense: Si cerramos ese grifo, y en el lado legal, prácticamente ya lo hemos hecho ¿cómo se ve el futuro de EE. UU.? Menos empleos. Menor crecimiento. Menos innovación. Mayor dependencia de cadenas de suministro extranjeras. Más poder cedido a Pekín.

Algunos en la derecha aún se aferran a la falsa creencia de que hay un número finito de empleos, y que cada inmigrante "le quita" uno a un estadounidense. Es absurdo. Los inmigrantes crean empleos, con inversión, con emprendimiento, con empresas. No hay un límite rígido para el sueño americano. Podemos alcanzarlo juntos. Nunca hemos alcanzado nuestro límite en la creación de empleo y, si tenemos una economía saludable, nunca lo haremos.

Hay mucho en juego. China está en pleno auge. Las tecnologías del mañana están surgiendo a una velocidad vertiginosa. La economía global está cambiando. Y la pregunta es sencilla: ¿queremos liderar o queremos quedarnos atrás?

El statu quo no nos llevará allí. Solo si abrazamos tanto a los trabajadores que ya están aquí como al talento del futuro, Estados Unidos podrá ganar. Solo con *Dignidad* aseguramos nuestro lugar como líder económico del mundo libre por generaciones.

Capítulo 10

La amnistía siempre es el "coco"

- Hay fuerzas que se dedican a sembrar miedo y distorsionar la verdad cada vez que alguien intenta tener una conversación seria sobre reforma migratoria.
- Cada debate sobre reforma termina bloqueado por el miedo a la "amnistía".
- *Dignidad* no es amnistía. No hay camino a la ciudadanía, ni perdón gratuito, ni atajos.
- En cambio, exige restitución, trabajo y responsabilidad de cada participante.
- Lograr una reforma migratoria en el Congreso conlleva riesgos políticos y requiere un enorme coraje.

MIEDO

¿Por qué es tan difícil lograr una reforma migratoria en el Congreso?

De todos los temas controvertidos que enfrentamos en Washington, y hay muchos, ¿por qué la inmigración es el más difícil?

Una palabra: miedo.

Cuando llegué al Congreso, una de las primeras cosas que hice fue caminar por el pleno de la Cámara, hablando con otros miembros. Demócratas, republicanos, no importaba. No conocía a nadie, y nadie me conocía a mí. Venía de fuera del mundo político.

Cada día, John Mark me entregaba una lista de cinco miembros con quienes hablar. Junto a cada nombre, un pequeño expediente: su postura sobre inmigración, algo sobre su distrito y cualquier dato útil para romper el hielo.

Luego me dirigía al pleno de la Cámara, el gran salón donde los congresistas votan. Imagínenlo: un mar de trajes oscuros, corbatas rojas y azules, el murmullo de conversaciones, y esa división invisible pero inconfundible en medio del recinto. Demócratas a un lado, republicanos al otro. Literalmente se siente el cambio de energía al cruzar de un lado al otro. No es solo simbólico, es tribal.

Localizaba a alguien de mi lista, me acercaba y me presentaba:

"Hola, soy María de Miami. Quiero hablar contigo sobre inmigración".

Ahora me llaman "la Salazar social" porque hablo con cualquiera, en cualquier lugar.

Pero en ese entonces, era solo una congresista novata con una misión, además de ser una mujer latina con acento de Sofía Vergara, que hablaba fuerte y gesticulaba para enfatizar sus puntos.

Nos sentábamos ahí mismo, en el pleno, mientras se llamaban los votos. A veces interrumpía la conversación para votar, luego retomaba donde la habíamos dejado. Les daba mi argumento: es hora de arreglar la inmigración. Es lo correcto. Estoy trabajando en una propuesta llamada *Ley Dignidad*. Explicaba lo básico, respondía una o dos preguntas, y pasaba al siguiente. Era como citas rápidas, pero sin abrazos ni besos. Solo política.

Estas conversaciones no podían ocurrir en los pasillos. Demasiado arriesgado. Asistentes por todas partes, reporteros rondando como tiburones, buscando cualquier comentario suelto.

Pero en el pleno, es miembro a miembro. Sin cámaras. Sin frases para titulares. Puedes ser sincero, incluso directo.

Afuera, John Mark me esperaba.

"¿Con cuántos hablaste?", preguntaba.

Le decía quién escuchó, quién me ignoró y quién dijo "quizás".

Al principio, se trataba de volumen puro, hablar con tantos miembros como fuera posible, tantear el terreno y descubrir cuán tóxico era realmente el tema.

Con los republicanos, tenía una frase inicial: "¿Qué opinan en tu distrito sobre la inmigración?"

Las respuestas variaban. Algunas eran reflexivas. Otras, vagas. La mayoría intentaba cambiar de tema.

Así que insistía:

"¿Cuál es el porcentaje de hispanos en tu distrito?"

Me daban un número: 13 por ciento. 15 por ciento. 22 por ciento. Eso, si es que lo sabían.

La mayoría no tenía idea de cuántos hispanos había en su distrito.

"¿Has hablado con ese 22 por ciento? ¿Sabes lo que piensan?"

Ahí empezaban las evasivas. "Sí, sí, claro. Pero…"

"¿Pero qué?", presionaba. "¿No crees que sus voces importan? ¿No crees que tienen opiniones importantes sobre inmigración? ¿Por qué no te unes a mí?"

Escuchaban con cortesía, asentían, pero podía verlo en sus ojos, no me estaban escuchando de verdad. Tal vez pensaban que era ingenua. Tal vez que estaba loca. Pero no me importaba. Tenía una misión, y tenía pruebas. John Mark, mi socio en redacción y estrategia, había revisado el historial de votación de cada miembro en temas migratorios. Así que tenía munición.

"Votaste por esto en 2013", les recordaba. "¿Todavía lo apoyas? ¿Todavía crees en eso?"

Algunos se quedaban desconcertados. Otros respetaban que hubiera hecho mi tarea. De cualquier forma, estaban aprendiendo: yo hablaba en serio.

Y esto fue lo que descubrí casi de inmediato: muy pocos querían tocar el tema. La mayoría simplemente levantaba las manos. Los republicanos decían: "No hasta que la frontera esté asegurada". Los demócratas decían: "No sin un camino a la ciudadanía". Cada lado señalando al otro, esperando lo imposible.

Pero a través de esas conversaciones, la verdad se fue cristalizando. La verdadera razón por la que la reforma migratoria ha sido imposible durante tanto tiempo es que el Congreso está paralizado por el miedo. Sin rodeos.

La mayoría de los legisladores evitan el riesgo. Su prioridad no es resolver problemas; es sobrevivir. Ser reelegidos. Mantener el escaño. Y si quedarse en el cargo es tu único objetivo, lo último que quieres es involucrarte en un tema que te atacará desde la izquierda y la derecha. La inmigración es exactamente ese tipo de tema. Para muchos, simplemente no vale la pena el riesgo.

Nunca olvidaré una conversación con un colega del Medio Oeste, un hombre genuinamente bueno, decente, sincero.

"Quiero tu apoyo en inmigración," le dije.

"Y quiero apoyarte," respondió. "Necesitamos inmigración. Mi distrito está lleno de granjas lecheras. Necesitamos mano de obra. No podemos sobrevivir sin ella".

Salté de inmediato: "Hemos estado trabajando con las asociaciones lecheras. Hablamos con los agricultores. Les encanta el proyecto".

Me miró a los ojos. "¿Pero inmigración?" Dudó. "No sé si puedo hacerlo".

"¿Por qué no?", pregunté. "Acabas de decir que la necesitas".

Se inclinó, bajando la voz para que nadie más escuchara. "No sé si tengo los cojones", admitió.

¿Crudo? Tal vez. Pero fue honesto. Brutalmente honesto. (Es buena persona, además de amigo).

Desafortunadamente, no estaba solo. Una y otra vez, escuché lo mismo, a veces disfrazado en cuidadoso lenguaje político, a veces susurrado en palabras directas: Tengo miedo. Miedo a los titulares. Miedo a los anuncios de ataque. Miedo a la Casa Blanca. Miedo a lo que pensará el presidente. Miedo a ser marcado con una palabra que mata cualquier debate migratorio antes de que empiece: *amnistía*.

Ese miedo es la sombra que cuelga sobre cada conversación en el Congreso sobre inmigración.

LA PALABRA MÁS TÓXICA

Amnistía. Quizás el término más tóxico en el tema más tóxico de toda la política estadounidense. La amnistía es el "coco" de la reforma migratoria. Es la letra escarlata, la palabra que termina los debates antes de que comiencen.

La amnistía puede significar muchas cosas para muchas personas. Pero en términos generales, significa estar dispuesto a dar un pase libre a quienes entraron ilegalmente y han vivido en este país sin autorización. (La buena noticia es que *Dignidad* no es amnistía. No estoy facilitando nada a los indocumentados. Tienen que ganarse su estatus, y en ningún caso sería la ciudadanía).

Aprovechando esta palabra convertida en arma, en cuanto un republicano se plantea siquiera una conversación sobre la legalización de los indocumentados, los grupos antiinmigración más vocales —FAIR, NumbersUSA y otros— se lanzan contra ellos. Los acusan de apoyar la amnistía, con lo que intentan asustar a la gente haciéndoles creer que apoyan un pase libre para infringir nuestras leyes y salirse con la suya.

Estos grupos no son organizaciones improvisadas. Son instituciones con décadas de historia.

La *Federación para la Reforma de la Inmigración Estadounidense* (FAIR) fue fundada en 1979 por John Tanton, descrito por un asesor de Ronald Reagan como "el hombre más influyente del que nadie ha oído hablar en América". Tanton tuvo una trayectoria inusual.

Comenzó su carrera en la izquierda, con grupos como *Sierra Club* y *Planned Parenthood*. Pero con el tiempo, su enfoque se volvió casi obsesivo hacia la política antiinmigración, moldeando el discurso nacional mediante presión legislativa, publicaciones de posición contrarias a la inmigración y testimonios en audiencias del Congreso.

En 1996, uno de sus protegidos, Roy Beck, fundó *NumbersUSA*. A diferencia del modelo de centro de estudios de FAIR, NumbersUSA fue diseñado para movilizar a las bases. Construyeron enormes redes en línea, usaron campañas sofisticadas de llamadas y faxes, y crearon un sistema para saturar las oficinas del Congreso con presión constante. Mientras FAIR operaba desde dentro, NumbersUSA generaba presión desde fuera.

Juntos, estos grupos, y otras creaciones de Tanton, como el *Center for Immigration Studies* (CIS), reconfiguraron la conversación nacional. Fueron fundamentales para descarrilar la *Ley de Reforma Migratoria Integral* de 2007 del presidente George W. Bush, una propuesta con apoyo bipartidista y una oportunidad real de aprobación. Para muchos, parecía un compromiso serio en su momento. Pero FAIR y NumbersUSA se pusieron a trabajar.

NumbersUSA envió más de un millón de faxes a los senadores, saturando sus máquinas.

FAIR movilizó a presentadores de radio conservadores, que noche tras noche denunciaban el proyecto como "amnistía". Las líneas telefónicas del Congreso colapsaron por la avalancha de llamadas. Un asesor republicano admitió: "Las máquinas de fax se quedaban sin papel. Tienen poder, tienen influencia. Lo que hacen es asustar a los miembros". Funcionó. El proyecto se derrumbó bajo el peso de ese miedo. Hace ya dieciocho años.

Ahora, para ser claros: estos grupos tienen derecho a defender su visión de Estados Unidos. Creen que la inmigración debe estar estrictamente restringida, y algunos estadounidenses están de acuerdo. Esa es una postura legítima. El problema no es su existencia, sino sus tácticas. Actúan de forma deshonesta. No quieren debatir. No quieren analizar los pros y contras ni revisar todos los datos. Quieren convertir el miedo en arma. Transforman "amnistía" en una palabra sucia que silencia a los legisladores, aunque nadie sepa realmente qué significa.

Imaginen si pudiéramos tener una conversación nacional sobre los niveles de inmigración.

¿Deberíamos admitir un millón de personas al año? ¿Un millón y medio? ¿Quinientas mil?

¿Qué habilidades deberíamos priorizar? ¿Quién debería venir primero, trabajadores, familiares, refugiados? ¿Deberíamos adoptar un sistema basado en méritos como Canadá o Australia? ¿Deberíamos permitir que el mercado determine cuántos trabajadores necesitamos?

Estas son preguntas reales de política pública. Merecen respuestas serias. FAIR dice querer hablar de capacidad. NumbersUSA dice querer hablar de cifras. Pero en lugar de abrir el debate, lo cierran con acusaciones y tácticas de miedo.

No es de extrañar que un político tenga que ser extremadamente cuidadoso con la palabra "amnistía". Incluso si nunca la usa, podrían acusarlo de apoyarla de todos modos. La verdad es que no hay una definición consensuada de amnistía. Pero políticamente, es veneno.

Es la palabra que se lanzará contra cualquier republicano que se atreva a tocar la reforma migratoria.

Se ha convertido en un juego de Whac-A-Mole. Cualquier republicano que asome la cabeza y diga: "Tal vez deberíamos arreglar este sistema", ¡pum! Los ataques llegan al instante. Las llamadas automáticas inundan su distrito: "¿Sabía que el congresista X apoya la amnistía? Quiere que los ilegales invadan nuestros vecindarios. Quiere repartir ciudadanía como si fuera caramelo". Llegan panfletos por correo. La radio se enciende. No importa si la propuesta incluye control fronterizo, responsabilidad, restitución, pago de multas, sin camino a la ciudadanía. La palabra "amnistía" borra todos los matices.

La ironía es que la verdadera amnistía, definida como perdón total sin consecuencias, rara vez existe en la política migratoria moderna dentro del Partido Republicano. Muchos demócratas, en cambio, han adoptado lo que equivale a una amnistía real, aunque también evitan usar la palabra.

En enero de 2021, en su primer día en el cargo, el presidente Joe Biden presentó la Ley de Ciudadanía Estadounidense. Se trataba de una propuesta radical y unilateral. No incluía ningún componente serio en materia de seguridad fronteriza, solo la promesa de "estudiar" la cuestión, lo que en lenguaje del Congreso significa: no hacer nada. ¿Y para los indocumentados que ya están aquí? Enhorabuena, ahora son ciudadanos sin condiciones. Y no hacía nada para detener la inmigración ilegal.

Para los republicanos, era una pesadilla: legalización masiva sin plan para asegurar la frontera sur, lo que garantizaría millones más entrando ilegalmente, y eso fue lo que ocurrió. Para los grupos antiinmigración, fue el regalo de su vida. Podían señalarlo y decir: "¿Ven? Esto es lo que quieren quienes hablan de inmigración. Amnistía".

Nada más lejos de la verdad: Lo que propone *Dignidad* es lo opuesto a la amnistía. La *Ley Dignidad* no es amnistía, es responsabilidad. Dice claramente: Violaste la ley, y debes hacer restitución.

Debes pagar multas. Debes contribuir a programas de capacitación para estadounidenses. Nunca podrás convertirte en ciudadano estadounidense. No puedes recibir beneficios federales. Debes pagar tu propio seguro médico. La *Ley Dignidad* no es un pase libre para quienes entraron sin autorización. Representa un balance entre restitución, justicia y misericordia.

En mis primeros días en el Congreso, basándome en las conversaciones que describí anteriormente, entendí que nunca lograría convencer ni a la extrema izquierda ni a la extrema derecha. Por un lado, la izquierda radical quiere amnistía total y nunca aceptará restitución ni límites sobre cómo se puede ingresar al país. Por otro lado, la derecha radical exige deportaciones masivas de todos, sin importar las consecuencias económicas o sociales para el resto del país.

También es cierto que entre esos extremos hay un amplio centro de miembros de ambos partidos. En ese centro es donde se forjan las soluciones en beneficio del país. Ahí es donde se encuentra la mayoría de los estadounidenses.

Cada vez que explicaba *Dignidad*, enfatizaba esto: es un compromiso calibrado. Protege la frontera. Ofrece un camino legal, pero no a la ciudadanía, y no gratuitamente. Dice: puedes trabajar, no serás deportado, puedes ir a casa por Navidad, pero debes ganártelo. Ahí está el equilibrio.

¿Y qué pasa con el político que se atreve a proponer un compromiso? Recibe ataques de ambos lados. Tiene que luchar una guerra en dos frentes.

Desde la derecha, FAIR y NumbersUSA se movilizan al instante. Desatan campañas multimillonarias. Saturan las líneas telefónicas. Lanzan anuncios en tu propio distrito. Te etiquetan como débil, blando, traidor a la causa. Desde la izquierda, los progresistas hacen lo mismo desde el lado opuesto. Si no apoyas ciudadanía plena y fronteras abiertas, te acusan de crueldad, racismo o traición.

Eso fue exactamente lo que me pasó. Y sabía que ocurriría. Pero no vine al Congreso para agachar la cabeza. No vine aquí para ser una política. Vine para ser una representante del pueblo estadounidense. Vine para resolver un problema. Y si eso significa recibir golpes, que así sea. He sido reelegida dos veces diciendo la verdad a mis electores.

Sé lo que estoy pidiendo a mis colegas. Les estoy pidiendo que asuman un riesgo. Les estoy pidiendo que tengan el valor de actuar.

Como me dijo en privado el presidente de la Cámara, Mike Johnson, quien es una bendición para el Partido Republicano: "Lo correcto no siempre es fácil, y lo fácil no siempre es lo correcto". La inmigración es precisamente ese tipo de tema. Es complejo. Es divisivo. Pero es solucionable, si reunimos el coraje.

Porque la alternativa es la parálisis. La alternativa es el ciclo en el que hemos estado atrapados durante años: frontera abierta, frontera cerrada. Aplicación de la ley hoy, liberación mañana. Un sistema que se tambalea de una orden ejecutiva presidencial a la siguiente.

No podemos vivir con miedo para siempre.

La urgencia de este tema está, una vez más, en su punto más alto. La opinión pública está cambiando. Muchos estadounidenses se sienten incómodos con las deportaciones masivas. Quieren aplicación de la ley, pero también quieren humanidad. Quieren orden, pero también justicia. Cuando vecinos de toda la vida son detenidos y deportados, la gente lo nota. Cuando las iglesias pierden a un tercio de sus congregaciones, los pastores lo notan. Cuando los empleadores no encuentran trabajadores, las empresas lo notan. Y cuando suficientes voces se alzan, el sistema político eventualmente tiene que responder.

Incluso el presidente Donald Trump lo ha sentido. Y él también reconoce que necesitamos a algunos de estos inmigrantes con años en el país. Ha mencionado específicamente a los trabajadores de la construcción y la hostelería, pero ha ido más allá. En una entrevista con Rachel Campos-Duffy en Fox Noticias el 15 de abril de 2025, se le preguntó sobre un hombre, Gelasio, que había vivido en Estados Unidos durante veinte años y tenía hijos nacidos en el país. Trump respondió: "Desde un punto de vista práctico, sí, veo a este hombre y digo: 'Este es alguien que queremos conservar, ¿verdad?' Probablemente me critiquen por decirlo. Todos quieren a todos. Es un buen hombre… Puedo verlo con solo mirarlo".

Entonces, ¿cómo salimos de este lío?

La respuesta es la *Ley Dignidad*, la única legislación migratoria seria que está sobre la mesa en el Congreso en este momento.

Para el país, el resultado es fuerza, seguridad y prosperidad.

Dignidad se apoya en el liderazgo excepcional de Donald J. Trump, el mayor negociador político de nuestro tiempo.

El presidente Trump tiene la oportunidad de hacer por la inmigración lo que Lincoln hizo por la esclavitud y Reagan por el comunismo y la Guerra Fría: llevar una crisis a una conclusión histórica.

La ventana es corta. También estoy apostando por el coraje, la inteligencia y la humanidad de mis colegas en el Congreso.

Si no actuamos ahora, puede que no tengamos otra oportunidad.

La promesa de Dignidad

- Estados Unidos aún puede resolver grandes problemas con audacia, visión y justicia.
- *Dignidad* asegura la frontera, fortalece la economía y restaura la confianza en el gobierno.
- No solo es lo correcto, es lo inteligente.
- Esta política pone a Estados Unidos y a los estadounidenses, en primer lugar.
- El momento es ahora. *Dignidad* es el camino hacia adelante.

LA INMIGRACIÓN NO ES UNA CARGA. ES UNA OPORTUNIDAD

El 4 de julio de 2026, Estados Unidos celebrará su 250 aniversario. Es un gran momento. Y tenemos una gran oportunidad para marcar nuestro rumbo para los próximos 250 años. Podemos mostrarle al mundo lo que significa ser una nación que combina la fuerza con la misericordia, la ley con la gracia, la justicia con la fe. Esa es la promesa de *Dignidad*.

Esa es la promesa de América.

La pregunta no es si *Dignidad* refleja nuestros valores, pues los refleja. La pregunta no es si *Dignidad* será buena para Estados Unidos, pues lo será.

Ya tengo el apoyo de líderes empresariales, cámaras de comercio, agricultores, veteranos, economistas, defensores de la inmigración y líderes religiosos. Pero el respaldo institucional no basta. Una legislación monumental y ambiciosa requiere más que avales; requiere personas. Requiere que los estadounidenses se levanten, se expresen, se movilicen.

La verdadera pregunta es: ¿cuándo se unirán los ciudadanos comunes?

¿Será solo cuando sus cuentas del supermercado suban cada vez más? ¿Cuando vean a un compañero de trabajo o vecino ser arrestado o deportado? ¿Cuando su pastor les diga que la iglesia ya no puede mantener sus puertas abiertas porque la mitad de la congregación ha sido empujada a las sombras?

¿Cuándo se encenderán los teléfonos en el Congreso? ¿Cuándo se llenarán los ayuntamientos de ciudadanos indignados exigiendo respuestas? ¿Cuándo será la presión sobre Washington imposible de ignorar?

¿Cuándo se darán cuenta los estadounidenses de que la reforma migratoria no es una carga, sino una oportunidad? Una oportunidad para inaugurar una nueva Edad Dorada para Estados Unidos. ¿Qué mejor momento que ahora, en la víspera del 250.° aniversario de nuestra nación?

¿POR QUÉ ME IMPORTA A MÍ, MARÍA ELVIRA SALAZAR?

Muchos me han preguntado qué me impulsa en esta lucha por la reforma migratoria. La respuesta es simple: ayudar a que todos los estadounidenses estén mejor mañana que ayer.

Dar *Dignidad* a quienes viven en las sombras. Expandir el sueño americano para todos los que creen en él.

Soy cristiana evangélica, y la empatía y la compasión están en el corazón de mi fe. Pero esta lucha no es solo de fe, también se trata de preservar lo que ha hecho grande a Estados Unidos.

Soy producto de la historia migratoria de América. Estados Unidos acogió a mi familia cuando nadie más lo hizo. Mis padres llegaron como refugiados políticos desde Cuba con solo cinco dólares en el bolsillo y la ropa que llevaban puesta. No recibieron ni una sola ayuda del gobierno. Lo que se les dio fue oportunidad, la posibilidad de empezar desde cero, con la misma oportunidad disponible para todos en el sistema estadounidense. Gracias a eso, soy producto del país más grande del mundo. Llegué al Congreso de Estados Unidos en una sola generación.

Y, más importante aún, represento a Miami, una de las ciudades más diversas —y políticamente competitivas— del país. Es un verdadero "melting pot" de culturas, idiomas y tradiciones provenientes de todo el mundo. Con una población mayoritariamente hispana (más del 70 %), comunidades cubanas, venezolanas, judías, centroamericanas y afroamericanas conviven aquí, y las elecciones suelen definirse por márgenes muy estrechos. Mi misión en el Congreso es darle voz a este vibrante mosaico y defender los principios que permiten que cada cultura prospere en libertad.

Los exiliados cubanos fueron afortunados, quizá incluso una anomalía histórica. Llegamos en un momento en que el Congreso estaba comprometido con la inmigración. Llegamos en una época en que los refugiados eran vistos como una fortaleza durante la Guerra Fría. Y somos el único grupo inmigrante con una ley especial de ciudadanía: la *Ley de Ajuste Cubano.*

Como resultado de esa ley de 1966, los cubanoamericanos se convirtieron en el grupo inmigrante más privilegiado en la historia de EE. UU. La primera ola de refugiados —cubanos de clase media que huyeron del régimen comunista de Fidel Castro en los años 60 y 70—, construyó la ciudad de Miami y transformó el sur de Florida.

Hoy, los cubanos controlan tanto la economía como la política de esa región. Los cubanoamericanos prosperan en lo que yo llamo un "gueto de riqueza". Las chicas cubanas adineradas se casan con chicos estadounidenses adinerados. (Mi madre se decepcionó mucho de que yo no siguiera ese guion. Siempre rebelde, me fui a ser corresponsal de guerra y luego al Congreso…) Estudian en la Universidad de Miami, se convierten en médicos, abogados, emprendedores, y construyen hermosas casas en ese paraíso llamado Miami. (Por cierto, represento esta ciudad increíble en el Congreso).

Pero muchos de nosotros —los hijos de esos exiliados— llevamos un legado más profundo: el dolor de la pérdida, el trauma de dejarlo todo atrás, la ansiedad de no conocer el idioma, la inestabilidad del desplazamiento, el miedo de no encontrar trabajo.

Por eso, como cubanoamericana, siento el llamado de usar esta posición para ayudar a quienes buscan la misma oportunidad que mi familia recibió. Quienes buscan una vida digna en la Tierra Prometida.

POR QUÉ DIGNIDAD ES BUENO PARA ESTADOS UNIDOS

Sí, estoy haciendo esto porque creo que es lo correcto, personalmente, moralmente, como cubanoamericana de primera generación y como cristiana. Pero también creo que es lo correcto para todos los estadounidenses y para el futuro de este país.

Para resumir: La *Ley Dignidad* aumentará el PIB en billones de dólares. Incrementará los ingresos fiscales en todos los niveles de gobierno. Fortalecerá el Seguro Social y Medicare. Ayudará a reducir nuestra deuda nacional.

Al acabar con la economía en la sombra del trabajo informal, aumentaremos los salarios de los trabajadores estadounidenses y mejoraremos la calidad de vida de cada ciudadano.

La *Ley Dignidad* creará cientos de miles de empleos, ampliará la oferta de vivienda y revitalizará la manufactura estadounidense. Fortalecerá nuestra capacidad para competir con China, nos posicionará para liderar la carrera global por la inteligencia artificial y consolidará el dominio estadounidense en el siglo XXI.

En pocas palabras, la Ley Dignidad significa:

- Más dinero en sus bolsillos y miles de millones en el Tesoro de EE. UU.
- Calles más seguras en tus ciudades y comunidades.
- Defensa de nuestros valores judeocristianos.
- Preservación del sueño americano (para tus hijos y nietos) mediante el crecimiento económico sostenido.
- Sacar de las sombras a millones de personas que podrían ser nuestros buenos vecinos.
- Concentrar los recursos de ICE en encontrar a los verdaderos ilegales peligrosos.

Esa es la promesa de *Dignidad*.

EL TIEMPO LO ES TODO

Desde el día en que fui elegida al Congreso, supe lo que quería hacer por el país. Pero en política, como en la vida, el tiempo lo es todo.

Es 2025, y estamos al borde de la historia.

Por primera vez en décadas, la frontera está verdaderamente asegurada. En menos de noventa días, el presidente Trump cumplió su promesa, demostrando que sí se podía. El tráfico por la frontera sur se detuvo.

Así que, a todo republicano que alguna vez dijo: "Primero aseguren la frontera, y luego hablamos de qué hacer con los que ya están aquí", ese momento ha llegado.

Por primera vez, los demócratas están sintiendo las consecuencias del daño causado en los últimos cuatro años en la frontera, y de décadas jugando al fútbol político con la comunidad hispana.

Cuando el trágico asesinato de la estudiante de enfermería Laken Riley, de 22 años, asesinada por un inmigrante ilegal que ya había sido arrestado pero no deportado, provocó indignación nacional, el Congreso actuó. Los legisladores aprobaron la *Ley Laken Riley*, que exige a ICE detener a inmigrantes ilegales que hayan sido acusados de un delito, no condenados, solo acusados.

Casi cincuenta demócratas en la Cámara de Representantes votaron a favor de esa ley, algo impensable hace una década. Esa votación es prueba de que vivimos una nueva realidad. Es prueba de que los demócratas, bajo presión creciente para detener la inmigración ilegal, pueden y van a votar por medidas que mejoran la seguridad, como la *Ley Dignidad*.

El momento es ahora.

TRES NÚMEROS

Lo que necesitamos se reduce a tres cifras: 218, 60 y 1.

218 es el número de votos necesarios para aprobar un proyecto en la Cámara de Representantes. No importa si son republicanos o demócratas. Con 218 votos, el proyecto avanza al Senado.

60 es el número de votos necesarios en el Senado. Hoy hay 53 republicanos. Eso significa que al menos siete demócratas deben sumarse. Y lo harán, si presentamos el caso con claridad.

¿Y el último número? **Uno.** Un presidente. Un hombre en el centro de este momento: Donald J. Trump.

Si el presidente Trump dice: "Me gusta este proyecto de ley", todo cambia. Puede llamar al presidente de la Cámara Mike

Johnson, al líder de la mayoría Steve Scalise y al "whip" o jefe de disciplina Tom Emmer y pedirles que lleven el proyecto a votación. (Alguien cercano me dijo: "Si logras que el presidente lo apoye, yo te consigo los votos que necesitas").

Creo en Donald Trump porque Dios lo designó para liderar nuestra nación, no una, sino dos veces. Es el único que realmente puede arreglar esto porque tiene el coraje para hacerlo. Es un constructor. Entiende cómo negociar. No teme impulsar lo que cree correcto, aunque sea polémico.

Lo vemos, estés o no de acuerdo con los aranceles, como un hombre que actúa cuando cree que están aprovechándose de EE. UU. Eso es liderazgo. Eso es valentía. Y la inmigración necesita exactamente eso.

Aquí está la verdad: el pueblo estadounidense ha sido engañado por políticos de ambos partidos que dejaron que esta crisis se pudriera. El gobierno ha fallado a los inmigrantes, sí, pero también ha fallado a los estadounidenses, agricultores, constructores, ganaderos, trabajadores de fábricas, contribuyentes, al crear un sistema lleno de injusticia, hipocresía e incentivos rotos.

Aquí va otra verdad: esto no se puede arreglar por orden ejecutiva. No podemos seguir cambiando de política cada cuatro años, según quién esté en la Casa Blanca. Ese caos solo empeora las cosas. Un presidente firma protecciones; el siguiente las revoca. Uno refuerza la aplicación; el siguiente la reduce. El resultado es miedo, confusión, inestabilidad y familias atrapadas en medio.

Hoy vivimos una contradicción. Los políticos critican la inmigración ilegal, pero al mismo tiempo la toleran porque nuestra economía depende de mano de obra indocumentada. Ya sea en agricultura, construcción u hostelería, dependemos de estos trabajadores, pero nos negamos a darles un camino legítimo. Decimos: "Vamos a deportarlos", pero cuando la reacción por las redadas laborales se vuelve intensa, paramos en silencio. Todos lo saben. Y el ciclo se repite.

Eso no es liderazgo. Eso es disfunción. Es hora de dejar de fingir, de dejar de patear el problema hacia adelante, y arreglar esto de una vez por todas. Sabemos que están aquí. Sabemos quiénes son. Sabemos lo que aportan. Simplemente nos negamos a enfrentarlo.

Lo que propongo es una solución única y de buena fe. Esto no se trata de castigar a los empleadores con cárcel ni de organizar redadas masivas. Eso no es realista ni práctico. Lo correcto es establecer reglas que digan: "Tuviste tu oportunidad. Vamos a legalizar esto de una vez, y de buena fe. Pero a partir de ahora, el sistema funcionará de otra manera".

¡Nadie más! No más saltar la valla en la frontera. No más trabajo en la sombra. No más ilegales entrando a EE. UU.

Y repito: esto no es para los recién llegados. No estamos premiando a quienes cruzaron ayer. Esto es para los hombres y mujeres que llevan años aquí, trabajando, criando familias, pagando impuestos y construyendo comunidades. Vamos a integrarlos legalmente al sistema. Pero cerramos los vacíos legales. Fortalecemos la frontera. Detenemos el "captura y libera". Después de eso, no hay excusas. Todos conocen las reglas. Todos tienen una sola oportunidad. Y desde entonces, aplicamos este nuevo sistema con claridad y firmeza.

El mayor temor de los republicanos es simple: que si aceptan esto, en diez años el país estará otra vez en el mismo lugar. Este proyecto es diferente porque aprendimos de los errores del pasado. No estamos ofreciendo medidas temporales. No estamos repitiendo los fracasos de nuestros predecesores. Esta vez, respaldamos nuestras palabras con hechos, haciendo una inversión única en una generación para asegurar la frontera, y construyendo un sistema migratorio que realmente funcione.

Esto no es un parche. Esto es cirugía. No es una solución provisional. Es permanencia. Es *Dignidad*.

LA PROMESA DE DIGNIDAD

Imaginen, por última vez, a una familia.

José, un padre, lleva veinte años en Estados Unidos. Trabaja duro. Ha construido un pequeño negocio de jardinería, camiones, herramientas, clientes estables. Su esposa, Rosa, trabaja largas horas en un restaurante. Juntos tienen tres hijos. La vida no ha sido fácil, pero es estable. Todo lo que tienen, lo han conseguido con esfuerzo.

Y sin embargo, cada noche se acuestan con el mismo miedo: ¿y si mañana todo desaparece?

Un día, ocurre. ICE aparece. José es detenido. Rosa también. Los hijos, ciudadanos por nacimiento, se quedan sin padres. ¿A dónde van? No tienen familia cerca. El sistema de acogida ya está saturado. Tal vez los recoge un vecino. Tal vez un pastor. Tal vez nadie. Tal vez siguen a sus padres a un país que ni siquiera conocen.

Su estabilidad, su hogar, su infancia, todo se rompe en un instante. Hoy. Ahora. Esto no es ficción. No es exageración. Esto es lo que significa la deportación para miles de familias en Estados Unidos.

No son solo José y Rosa. Es una historia que se repite una y otra vez, en pueblos pequeños y grandes ciudades, en campos agrícolas y obras de construcción, en escuelas e iglesias. Antes, la aplicación de la ley se enfocaba en criminales. Ahora, bajo planes de deportación masiva, son personas comunes que solo trabajan y mantienen la cabeza baja, las que caen en la red: vecinos, compañeros de trabajo, compañeros de clase.

Si en el futuro cercano el gobierno federal insiste en perseguir a cada persona indocumentada sin importar su historial, las consecuencias serán catastróficas. 8,800 empleos estadounidenses perdidos por cada 100 mil personas deportadas. Crecimiento económico ralentizado, según el propio presidente de la Reserva Federal. Una corrección reciente de la Oficina de Presupuesto del

Congreso (CBO) mostró fuertes caídas en la fuerza laboral en los próximos diez años y aumentos en el déficit por esa causa.

No son solo cifras. Son millones de vidas trastocadas. Miles de familias separadas. Comunidades enteras desestabilizadas. ¿Y para qué? Para generar miedo, hacer política, ignorar la realidad de que nuestra economía y nuestra cultura ya están entrelazadas con estos hombres y mujeres.

Eso no sería ley. Sería crueldad. Y la crueldad no tiene lugar en la grandeza de Estados Unidos.

He hablado con cientos de inmigrantes indocumentados. Déjame decirte lo que he aprendido: No están pensando en política. No están buscando atajos ni conspirando.

Están en modo supervivencia. Mantienen la cabeza baja porque están escondidos. Un error, una luz trasera rota, una etiqueta vencida, y su vida entera puede desaparecer.

Es una de las ironías más crueles que vivimos hoy. Estados Unidos brilla como la "ciudad en la colina" de Ronald Reagan, un faro de libertad y esperanza para el mundo. Exportamos nuestros ideales. Predicamos democracia y oportunidad. Pero aquí, en casa, bajo nuestras propias narices, millones viven con miedo. Miedo a un golpe en la puerta. Miedo a ser arrancados de sus familias. Miedo a un sistema que los usa y les niega dignidad. Es cierto que entraron sin permiso. Pero alguien les dio trabajo.

Eso no solo es indigno. Es vergonzoso. Es antiamericano. Vergüenza para nosotros.

Ahora conoces la verdad. Las complejidades, los matices, la profundidad de lo que nuestra conversación nacional sobre inmigración apenas toca.

También sabes que estamos en una encrucijada.

La decisión que tomemos aquí importa. Este es el momento de decidir.

Si no actuamos, esto es lo que nos espera:

- Estantes vacíos y precios de alimentos más altos.
- Hoteles, restaurantes y granjas sin trabajadores.
- Una economía estancada que no puede cubrir sus vacantes.
- Un futuro presidente que vuelva a abrir la frontera.
- Iglesias cerrando sus puertas.
- Familias sin cuidadores.
- EE. UU. quedándose atrás en manufactura, tecnología e innovación.
- Comunidades rurales vacías por cierre de negocios.
- Empresas mudándose al extranjero.
- Escasez de vivienda y construcción.
- Cadenas de suministro aún más frágiles.
- Calidad de vida en declive y gastos más altos.
- Innovación y emprendimiento paralizados.
- Inflación y recesión.
- China apresurándose a tomar el liderazgo global.
- Una América más débil y dividida, menos capaz de liderar al mundo.

Pero si actuamos, si tenemos el valor de aprobar la *Ley Dignidad*, esto es lo que nos espera:

- Comunidades más fuertes.
- Calles más seguras.
- Más empleos y mejores salarios.
- Reducción de la deuda nacional.
- No más ilegales entrando en el futuro.
- No más ilegales recibiendo beneficios federales.
- ICE concentrado en los verdaderos delincuentes.
- Los jóvenes de DACA podrán ser estadounidenses.
- Las familias con estatus mixto podrán permanecer unidas.

- Mejor calidad de vida para todos.
- Una economía preparada para liderar el siglo XXI.
- Seguridad Social y Medicare salvados.
- Fronteras seguras con un sistema que realmente funcione.
- Agricultores con la mano de obra que necesitan para alimentar al país.
- Pequeñas empresas prosperando en lugar de cerrar.
- Innovación y emprendimiento impulsados por nuevo talento.
- Una América más fuerte, capaz de liderar al mundo con confianza.
- Una promesa renovada del sueño americano, no solo para los inmigrantes, sino para cada ciudadano, por generaciones.

Ahora tenemos la oportunidad de extender la promesa que una vez se me extendió a mí, a mi familia, a millones antes que nosotros: La promesa de *Dignidad*.

Ahora es el momento de hacer lo que todos los políticos dicen que quieren, pero pocos tienen el coraje de lograr: **Hacer que Estados Unidos vuelva a ser verdaderamente grande.**

Fuentes

American Action Forum. "Debunking Immigration Myths." May 13, 2021. https://www.americanactionforum.org/infographic/debunking-immigration-myths/.

American Immigration Council. "Fortune 500 Companies Founded by Immigrants, 2025." Accessed August 28, 2025. https://www.americanimmigrationcouncil.org/report/fortune-500-companies-founded-by-immigrants-2025/.

———. "New Data Shows Immigrant-Owned Businesses Employed 8 Million Americans, Immigrants Wield $1.1 Trillion in Spending Power." Accessed August 28, 2025. https://www.americanimmigrationcouncil.org/uncategorized/new-data-shows-immigrant-owned-businesses-employed-8-million-americans-immigrants-wield-1-1-trillion-in-spending-power/.

Associated Press. "Raid on Upstate New York Food Manufacturer Leads to Dozens of Detentions." 2025. https://apnews.com/article/new-york-factory-raid-immigration-fbbe6dfb53eabc98e2f3277bdb7f81bc.

Beard Foundation, James. 2025 Independent Restaurant Industry Report: Resilience and Reinvention. New York: James Beard Foundation, 2025. https://www.jamesbeard.org/2025-independent-restaurant-industry-report.

Bier, David J. "Enforcement Didn't End Unlawful Immigration in the 1950s—More Visas Did." Cato Institute Blog, July 11, 2019. https://www.cato.org/blog/enforcement-didnt-end-unlawful-immigration-1950s-more-visas-did.

Bipartisan Policy Center. Green Light to Growth: Estimating the Economic Benefits of Clearing Green Card Backlogs. Accessed August 28, 2025.

https://bipartisanpolicy.org/report/green-light-to-growth-estimating
-the-economic-benefits-of-clearing-green-card-backlogs/.

Brnovich, Mark. "Biden Admin Has Decriminalized and Monetized Chaos at the Border: Kids Are Dying as a Result of Biden's Border 'Experiment,' Says the Arizona AG." Fox News, 2023. https://www.foxnews.com/media/mark-brnovich-biden-decriminalized-monetized-chaos-border.

Clemens, Michael A. "Trump's Proposed Mass Deportations Would Backfire on US Workers." Peterson Institute for International Economics (PIIE), March 6, 2024. https://www.piie.com/blogs/realtime-economics/2024/trumps-proposed-mass-deportations-would-backfire-us-workers.

Esterline, Cecilia. "How Immigrants Can Alleviate the Domestic Labor Shortage." Niskanen Center, November 21, 2022. https://www.niskanencenter.org/labor-shortages-shortfalls-in-the-domestic-labor-supply-and-why-immigrants-should-be-part-of-the-solution/.

Fox Charleston. "DHS Arrests Five Illegal Immigrants Convicted of Serious Crimes, Including Murder and Child Abuse." March 2024. https://www.foxcharleston.com/dhs-arrests-five-illegal-immigrants-convicted-of-serious-crimes-including-murder-and-child-abuse.

Fox News. "Migrant Caravan Containing Thousands Travels through Mexico toward US Border: 'Tell Biden We Are Coming.'" 2023. https://www.foxnews.com/politics/migrant-caravan-travels-mexico-towards-us-border-tell-biden.

———. "Migrant Caravan Demands Biden Administration 'Honors Its Commitments.'" 2023. https://www.foxnews.com/politics/migrant-caravan-biden-administration-commitments.

———. "Migrant in Potentially the Largest Caravan Ever Demands Biden Keep Asylum Promise." 2023. https://www.foxnews.com/world/migrant-largest-caravan-biden-promise-asylum.

———. "Migrant Caravan Heads toward U.S., Blinken Urges Mexico Help End Irregular Migration." 2023. https://www.foxnews.com/us/migrant-caravan-heads-toward-us-blinken-urges-mexico-help-end-irregular-migration.

———. "Nearly 8,000-Strong Migrant Caravan Heads Toward the US." 2023.

Fox News Video. "Growing Caravan Heads for US Border in Final Months of Biden Admin." 2023. https://www.foxnews.com/video/6365046606112.

Fox Wilmington. "Massive Identity Theft Scheme Led by Illegal Immigrants Uncovered after Raid at Meatpacking Plant." July 2023. https://foxwilmington.com/massive-identity-theft-scheme-led-by-illegal-immigrants-uncovered-after-raid-at-meatpacking-plant.

Guardian, The. "Federal Agents Blast Way into California Home of Woman and Small Children." June 27, 2025. https://www.theguardian .com/us-news/2025/jun/27/california-home-raid-huntington-park.

———. "Iranian Woman, Who Has Lived in the U.S. for 47 Years, Taken by ICE While Gardening." June 27, 2025. https://www.theguardian .com/us-news/2025/jun/27/ice-detains-woman-iran-new-orleans.

———. "Small U.S. Towns Cancel Fairs Celebrating Latino Culture: 'The Climate of Fear Is Real.'" August 13, 2025. https://www.theguardian .com/us-news/2025/aug/13/small-towns-latino-fairs-ice-raids.

Holt, Eric A., and Bill Ray. The Skilled Labor Shortage and America's Housing Crisis: A Research Study by Home Builders Institute and University of Denver. Washington, DC: Home Builders Institute, May 2025. https://hbi.org/wp-content/uploads/2025/05/HBI-Denver-Study.pdf.

National Association of Evangelicals. One Part of the Body Report: The Potential Impact of Deportations on American Christian Families. March 31, 2025. https://www.nae.org/one-part-body-report-deportations -impact-christians-united-states/.

National Defense Industrial Association. "NDIA Letter on Immigration and Refugees." Press release, May 10, 2022. https://www.ndia.org/about /press/press-releases/2022/5/10/letter.

National Immigration Forum. "Undocumented Immigrants Are Integral to Our Nation." Accessed August 28, 2025. https://immigrationforum.org /article/undocumented-immigrants-are-integral-to-our-nation/.

Penn Wharton Budget Model. "Mass Deportation of Unauthorized Immigrants: Fiscal and Economic Effects." July 28, 2025. https://budget model.wharton.upenn.edu/issues/2025/7/28/mass-deportation-of -unauthorized-immigrants-fiscal-and-economic-effects.

Rahman, Billal. "Florida Spent $660M on Health Care for Illegal Immigrants." *Newsweek*, March 13, 2025. Updated March 14, 2025. https://www .newsweek.com/florida-health-care-illegal-immigrants-2044101

Reuters. "Chicago Protesters Defiant in Face of Trump's Deportation Threats." September 7, 2025. https://www.reuters.com/world/us/chica-go-protesters-defiant-face-trumps-deportation-threats-2025-09-07/.

———. "Dozens Detained in U.S. Immigration Raids in New York State, Governor Says." September 5, 2025. https://www.reuters.com/world /us/dozens-detained-us-immigration-raids-new-york-state-governor -says-2025-09-05/.

Shaw, Adam. "Tens of Thousands of Illegal Immigrants with Sexual Assault, Murder Convictions in US: ICE Data." Fox News, July 11, 2023.

https://www.foxnews.com/politics/tens-thousands-illegal-immigrants
-sexual-assault-homicide-convictions-roaming-us-streets.

Timm, Jane. "Meet the Grover Norquist of the Immigration Debate."
MSNBC, December 4, 2012. https://www.msnbc.com/morning-joe/meet
-the-grover-norquist-the-immigration-d-msna16510.

USAFacts. "What Can the Data Tell Us about Unauthorized
Immigration?" Accessed August 28, 2025. https://usafacts.org/articles
/what-can-the-data-tell-us-about-unauthorized-immigration/.

Watson, Tara. "How Immigration Reforms Could Bolster Social Security
and Medicare Solvency and Address Direct Care Workforce Issues."
Brookings Institution, April 16, 2024. https://www.brookings.edu
/articles/how-immigration-reforms-could-bolster-social-security
-and-medicare-solvency-and-address-direct-care-workforce-issues/.

Yahoo News. "ICE Arrests Almost 500 People at Hyundai Plant in
Georgia." 2025. https://www.yahoo.com/news/articles/ice-arrests-almost
-500-people-164438548.html.

———. "Small Town Rallies Around Soccer." Accessed August 28, 2025.
https://www.yahoo.com/news/small-town-rallies-around-soccer-143123445
.html.